最強の適材適所経営

エニアグラム心理学で急成長の奇跡を起こした会社

エニアグラム研修講師
キャリア・コンサルタント
HR研究所代表
吉田久夫 著

はじめに

〝吉田さん、こんな会社があるんですね。奇跡ですよ！〟

従業員が2000名を超える一部上場IT企業、株式会社システテナ（以下システテナと略す。注1）のリーダー研修を行っていたとき、研修の応援をしてくれたAさんが発したひと言が、本書執筆のきっかけでした。

システテナでは、リーダーになる社員に、「エニアグラム心理学（注2）」の受講を義務づけています。

エニアグラム心理学研修では、人間の内面に踏み込み、場合によっては、他人に知られたくないと身構えてしまう部分もテーマにしますので、研修のスタート時、グループワークで話したがらない傾向があります。規模が大きい会社になるほどその傾向が強まります。

ところが、システテナのリーダー研修では、研修参加者が非常にオープンで、最初から話し合いが盛り上ります。また、従業員２０００名を超えるＩＴ企業でありながら、対人関係に起因するメンタル不調で休職する社員が極めて少ないのです。

私は、キャリアコンサルタントとしてビジネスパーソンと面談を行ってきましたが、悩んで相談に来るケースのうち、対人関係にからむものが5割以上でした。この経験から考えると、システナは、いい意味で「例外」です。

さらに注目すべきは、私が10数年前、初めてエニアグラム心理学研修を行ったとき、従業員１００名ほどの未上場企業だったシステナが、従業員２０００名を超える一部上場企業に成長した成功要因のひとつが、エニアグラム心理学だったという事実です。

私は、10数年前からご縁があったにもかかわらず、システナについて知らなかったことが多すぎると気づきましたので、創業者会長や、会長と苦楽を共にしてきた役員4名、合わせて5名（注3）にインタビューさせていただきました。

5名それぞれが、エニアグラム心理学にどのように助けられ、それをどのように活かし、その結果としてシステナが成長できたかを包み隠さず話して下さいました。

・エニアグラム心理学が『人を活かす』知恵として役立ってきた
・経営幹部会でエニアグラム心理学関連の話題が出ないときはない
・創業者会長は「わが社はエニアグラム心理学で成長した」と断言している

などなど、講師として指導してきた私の想像をはるかに超えて、エニアグラム心理学が会社経営の一つの柱になっている事実に感銘を深くしました。

社員一人ひとりの長所は活かされ、あるいは短所を回避できる仕事に就けるよう人員配置に工夫をこらすことによって、社員一人ひとりに活躍の場を与えているシステナを、『最強の適材適所』を実現している実例として世に紹介させていただきたい。

こんな私の希望を、創業者会長が快諾して下さいましたので、本書を出版できることになりました。本書の後半には、インタビューも掲載しました。

本書が、社員一人ひとり、その持味を発揮できる『適材適所経営』実現の一助になれば望外の喜びです。

（注1）システナのプロフィール（K取締役談）

当社をひと言で表現すると、「永遠のベンチャー企業」です。

失敗を恐れず、チャレンジし続ける会社です。

現在は大企業と呼ばれる規模となり、東証一部上場企業としての社会的責任を強く意識しながら事業を営んでおりますが、ベンチャースピリッツは失っていません。

これまで、事業として成り立つかどうか見当がつかない未知の分野にも、他のIT企業に先んじて、敢えてチャレンジしてきました。その中には失敗に終わった取り組みがいくつもありました。それでもチャレンジし続けるのは、例えば10の失敗があっても、そこから学んだことを未来のひとつの成功に繋げることで、社員も会社も大きく成長することができたからです。

ＩＴは道具に過ぎません。中心は常に「人」です。専門知識や技術だけでなく、社員一人ひとりの「人間性」、「人間力」が重要です。チャレンジは社員の可能性を広げてくれます。

また、当社ではうまくいっている事業でもあえて壊し、違うやり方を試みます。それが日常ですので、会社がいつもダイナミックに動いています。社員は常に刺激を受け、自らの可能性を試し、成長することができます。そして、それが会社の成長に結びついていくのです。

もうひとつ、当社が大切にしている考え方があります。

「経営理念」の中に、「日本のあしたにエナジーを！」という言葉があります。当社とご縁のあった企業や人々にエナジーを与え続けられる存在であること、そしてその先のまだ見ぬ誰か、世の中にたくさんの笑顔と元気を創造するためのご支援ができる会社でありたいと思っているのです。

それを社員の「行動基準」の中で表現したのが、「私がガンバレば、ハッピーになる人がきっといる」というフレーズです。

・誰かが喜んでくれる
・誰かが元気になる
・誰かがハッピーになる

どこかの誰かを幸せにできる会社でありたい。私たちはそんな願いを抱いて日々の仕事に取り組んでいます。

まだまだ微力ではありますが、自らがさらに成長し、お客様や世の中にもっともっと貢献できる会社になりたいと思っています。

（注2）エニアグラム心理学とは、性格の中でも、特に変えることが困難な、生まれたときの気質によって形成される「性格の中核の部分」に違いがあることを明らかにした心理学です。

（注3）肩書はインタビュー時のものです。

【目次】

第1章 エニアグラム心理学とは

第2章

9タイプ別・特徴

タイプ1

タイプ2

タイプ6

タイプ7

第3章

「システナ」の経営者インタビュー

第１章
エニアグラム心理学とは

衝撃のセミナー

私が初めて参加したエニアグラム心理学セミナーは衝撃でした。

セミナーは次のようなステップで進みました。

①質問シートを使って、性格・価値観などをチェックします。

②チェックの結果、性格・価値観などが似ていると思われる人が集まってグループを作ります。

③グループは9つに分かれます。（なぜ9つなのかは本書で明らかにします）

④グループワークのテーマが与えられます。そのときは次のようなテーマでした。

「経営危機に陥った倒産寸前の会社の役員だとしたらどういう対処を考えるか」

⑤グループ毎に話し合い、答えを出します。

⑥クレヨンを使って、その答えから連想される絵を模造紙に描きます。
⑦グループ別に、絵の説明をしながら、自分たちの案を発表します。
⑧講師が、絵と発表内容についてコメントします。

各グループから出された答えは、おおよそ次のようなものでした。

案１：最後まであきらめたらだめだ。それは無責任だ。Ａ銀行がだめなら、Ｂ銀行、それがだめならＣ銀行にあたろう。最後の最後まで全力を尽くすべきだ。
案２：社員が不安に思っている気持を考えるべきだ。ぎりぎりまで頑張ったためにすべてを失い、放り出されてしまう社員のことを考えれば、少しでも社員に報いることができる道を選ぶべきだ。
案３：すべてやり尽くしたわけではない。会社の存続、生き残りを第一の目標に掲げて、社員に危機を訴え、社員の気持をひとつに結集すればかならず乗り切れる。
案４：なんとかしなければという想いはあるが、いたずらにもがくのは傷口を広げる。

不見識と言われるかもしれないが、行くところまで行ってしまうのもやむを得ないと思う。

案5：混乱している状況を整理してみるのが先決だ。既に可能性が閉ざされているのはどの道で、まだ可能性が残されているのはどの道かを明確にした上で対処すべきだ。

案6：役員として、この状況を招いたことへの責任を重く感じている。最後は社長の決断に委ねたい。社長が決めた選択を、全力をあげてサポートする。

案7：まだダメと決まったわけではない。突然の注文が舞い込むかもしれないし、スポンサーが現れないとも限らない。プラス思考で行けばなんとかなる。

案8：事業が維持可能なぎりぎりの社員数まで直ちに縮小が必要。ぐずぐずはできない。血を流すこともやむなし。温情主義は会社を滅ぼす。社長が決断できないなら私に任せて欲しい。

案9：極端なやり方は、社員、得意先、仕入先などの反発を招く。大きなトラブルは避けるべきだ。社員はもちろんのこと、得意先、仕入先にも率直に現状を話し、協力を仰ぐことにしたらどうか。

９つに分かれたグループから、それぞれ違う案が出てきました。

９つの案の発表が終わった後、最善案ひとつに絞って下さいという指示が出され、再びグループ討議を行いました。そして発表したのですが、どのグループも自分のグループの案が最善であると主張し、変更しませんでした。


さらに驚くべきことがありました。

たまたま3番目のグループの人数が多すぎたため、２つのテーブルに分かれて話し合い、それぞれ絵を描く作業をしていました。ところが、発表は同じ案になり、同じような絵を描いていました。経営危機への対応策が、同じ結論、案３になっていたのです。

グループが異なると考えが異なり、性格や価値観が似ているグループだと同じ考えにたどりつくのは何故なのか。


出された考えや描かれた絵の違いは、無意識の根源的な心の働きの違いから来ており、グループ毎に価値観は異なると説明を受けても、直ちに信じることはできませんでした。

しかし、決定的な違いを目の前で見せられたばかりか、同じ価値観を共有しているらしいグループは同じ考えを出すことまで見ていました。頭では疑問を持ちつつも、体験した事実は認めざるを得ませんでした。

そして、その日のセミナーが終わるとき、私の部下で、大変まじめな社歴10年のA君が、1番目のグループの人と良く似ていることに気づきました。

1番目のグループは、どんなことに取り組んでも、細部まで丁寧に検討を重ね、精度の高い仕上がりを目指す、とても信頼できる人たちですが、ざっくり、あるいは大枠でとらえることを苦手にしています。

A君には、「仕事によって、精度とざっくりの区分けをしなさい。すべての仕事で精度にこだわると、時間が非効率になる。注意しなさい」と繰り返し言い続けてきました。

しかし、納得できる精度へのこだわりは、1番目のグループの、つまりA君の生きる価値、生きる根源だったのです。

それを否定し続けてきたことに気づき、あまりのショックに呆然として帰路についたことは、鮮明に記憶に焼き付いています。私は部下に対して恐ろしいことをしていたわけです。

エニアグラム心理学は、どんな人でも、生まれながらにして生きる力、生きるエネルギーを与えられていること、そのエネルギーは一人ひとりにその人らしい言動をさせる源になっていること、このエネルギーの働きは９つに分かれていることなどを教えてくれます。また、９つの異なる働き方をするエネルギーのうち、誰でも、自分の得手であるエネルギーをひとつ持っていることを教えてくれます。

日常生活には、自分の思い通りにならないことがたくさんあります。自分の思いに反してしまうことのほうが多いかもしれません。

分かっていても、人に嫌な思いをさせたり、人を傷つけたりしてしまいます。こういうことをすると嫌がられると分かっていても、同じパターンを繰り返してしまいます。

分かっていても止めることができません。自分は悪意を持っているわけではないのに、結果として他の人を怒らせてしまいます。

何故そうなのか。エニアグラム心理学は、人間関係に悩みを持つ人に特効薬の効き目を発揮することは確かでした。エニアグラム心理学との関わりが深まるにつれて、私は、エニアグラム心理学に深い意味を感じ始めました。

根源的なエネルギーの働き方に9つの違いがあるというのがエニアグラム心理学の公理ですが、その違いは一人ひとりが自己の外にある世界と係わるときの違いになって現れます。

すなわち、自己と他者との関係、自己と自己を取りまく状況との関係、自己と世界との関係をどう感じ、その関係に何を求め、その関係においてどういう言葉を口に出し、どういう行動をとるかが9つに分かれます。

エニアグラム心理学は、９つの違いが人間関係の衝突を引き起こし、悩み、苦しみを生じさせることを明らかにしています。それをさらに詳しく述べることにします。

エニアグラム心理学

エニアグラム心理学は、精神科医、クラウディオ・ナランホ博士の**「エニアグラム性格類型論」を基盤にした学問です。**

ナランホ博士は、人格の障害と性格特性の関連に着目し、「情動」（生まれ持った内的エネルギー）が人格形成に与える影響を深く研究しました。そして、内的エネルギーの働き方は9つに分かれること、それが異なる性格に関係していることを解明しました。

日本では、生まれ持った「気質」は変わらないと言われてきましたが、ナランホ博士が精神医学の立場で使用した「情動」と相通じるものがあります。

そこで、私は、**生まれ持った、目に見えない大きな力である「情動」（内的エネルギー）**

を**「気質エネルギー」**と呼ぶことにしました。

無意識に、すなわち、本人は自覚がないのに、一人ひとりの「価値観」や「人となり（性格傾向）」に大きな影響を与えているのは「気質エネルギー」です。前述の事例は、その「気質エネルギー」の違いから生じたものでした。

エニアグラム心理学は、気質エネルギーを次のようにとらえています。

・気質エネルギーとは、持って生まれた内的エネルギーである。
・気質エネルギーの働き方を9つに分けることができる。
・この9つの働き方の違いをタイプ（特性）と呼ぶ。
・気質エネルギーは、無意識に、自動的に働く。
・無意識に働く気質エネルギーを意識でコントロールすることはできない。
・気質エネルギーは、一人ひとりの長所や持味の源泉である。
・一方で、気質エネルギーは一人ひとりの短所や弱点の源泉でもある。

ナランホ博士の研究が性格類型論と呼ばれているように、気質エネルギーと性格の間には深い関係があります。第1図をご覧ください。

第1図　性格の構造

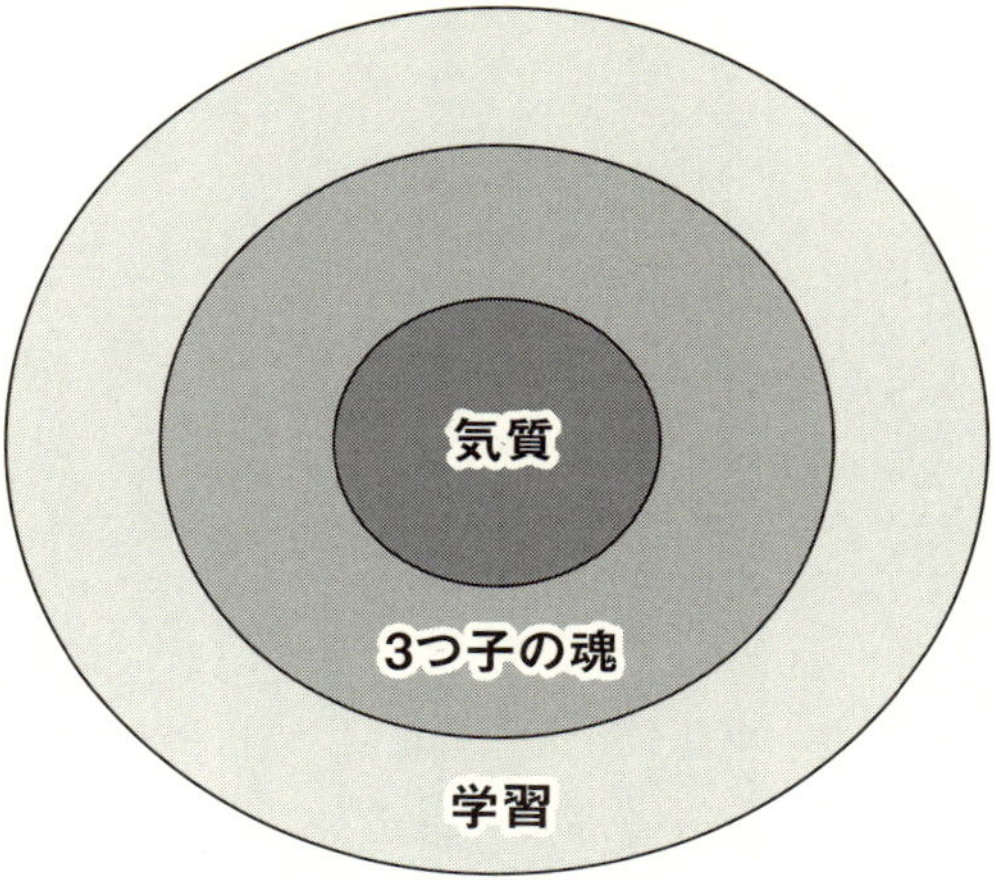

①第1図は性格の構造を簡略化して示したものです。

②性格は、この円の3つの層が融合したものとして現すことができます。

・**気質**：持って生まれたもの（変わらないもの）
・**三つ子の魂**：乳幼児期の体験を通して潜在意識に刷り込まれるもの（変わりづらいもの）
・**学習**：繰り返し体験することによって身につくもの（変わるもの）

③性格は、円の3つの層、それぞれの影響を

受けますが、変わることがない気質から特に強い影響を受けます。
④性格は一人一人異なります。
⑤世の中には、似た性格の人もいれば、まったく異なる性格の人もいます。
⑥似た性格をグルーピングしてとらえるのが性格類型論です。３つ、４つ、５つ、８つなど、様々な分類の仕方がありますが、変わることがない気質に着目して９つに分類したのがエニアグラム性格類型論です。

エニアグラム性格類型論の発展形であるエニアグラム心理学は、気質エネルギーが及ぼす影響をより幅広くとらえています。それによって、私たちが生きてゆく上でヒントになる多くの示唆を汲み取ることができるようになりました。具体的に、気質エネルギーは、次のようなところに影響を及ぼしています。

①性格
②価値観

③思考の癖・習慣
④コミュニケーション・スタイル
⑤非言語メッセージ（表情など）
⑥行動スタイル
⑦その他（生き方・経営スタイルなど）

ここまで、「内的エネルギー」の働き、とあいまいな言葉で説明してきましたが、**エニアグラム性格類型論では、「身体エネルギー」、「感情エネルギー」、「思考エネルギー」の3つの働きに分けてとらえます。**この3つの働きが、さらに3つに分かれて9つになるのですが、なぜ9つなのかについては、脳科学の研究も行われています。第2図をご覧ください。

トーマス博士とシュルツ博士の研究は、3種類の脳内ホルモンの働きの強弱、その個人差が、9つの性格タイプに関係していることを明らかにしています。

第2図　脳内ホルモンと性格タイプとの相関に関する研究

タイプ	セロトニン（主として感情機能に関連）	ノルアドレナリン（主として思考機能に関連）	ドーパミン（主として身体機能に関連）
8	低	低	高
9	高	低	低
1	中	低	中
2	高	中	中
3	中	中	高
4	低	中	低
5	中	高	低
6	低	高	中
7	高	高	高

Tina Thomas & Eric Schulze
Biological Basis of Type
Enneagram Monthly　Nov. 2000 Vol.66

・セロトニンの働きが強いと感情機能（感情エネルギー）の働きが強い
・ノルアドレナリンの働きが強いと思考機能（思考エネルギー）の働きが強い
・ドーパミンの働きが強いと身体機能（身体エネルギー）の働きが強い

つまり、生まれ持った脳内ホルモンの働き方により、「身体エネルギー」が得意な人、「感情エネルギー」が得意な人、「思考エネルギー」が得意な人に分かれるということです。これの意味するところは、生まれたときから違いがあるということです。

生理機能である脳内ホルモンの働きの違いが生まれながらのもので、これが性格の違いを生み出す基盤になっているとすれば、3つの円の中心にある気質、すなわち性格の中核が変わりづらいことも納得できます。

この点について、『真実の人間　―アブラハム・マスローの生涯―』の著者である、エドワード・ホフマンは、欲求五段階説で知られるマスローの興味深い体験を次のように述べています。

一九三八年に、マスローの考え方に新しい展望を与えたもう一つの出来事は、最初の子どもアンの誕生であった。マスローは、幼いアンが自分の好き嫌いを強固に表現するのを、そして、それによって周囲の大人を大きく動かすのを見守るうちに、若い頃にはあんなにも意義深く思えたワトソンの行動主義的見方を捨てようとしている自分に気がついた。

生まれ立ての赤ん坊がいれば、行動を条件づけることによってどんな種類の人間にでも仕立ててみせるといったワトソンの主張は、今では支持できないばかりか、少々馬鹿げてみえさえした。

「父親となることで私の全人生が変わった」とマスローはふり返る。「それはまるで天啓のように私に教えてくれた。私があんなにも夢中になっていた行動主義が、父親になってみると、あまりにも馬鹿げた、とても耐えられないものに思えてきた。そんなことは、もはや考えられなかった。

この点に関するマスローの確信は、一九四〇年のエレンの誕生によっていっそう深められた。二人の娘は生まれたときから、性質も行動も著しく異なっているようにみえた。マスローには、われわれ個々人の独自な生得的資質を考慮しないようなものは、人間性の包括的な理論とはいえないということが、ますます明らかになってくるように思われた」

行動主義心理学とは、人は育て方（条件付け）次第でどうにでもなる、という学説です。子供を授かるまで、マスローは行動主義心理学の信奉者でした。子供を授かったとき、「自分は心理学の専門家として、完全な子供を育てることができる」と自負していました。ところが、実際子供に関わってみると、「独自な生得的資質」はどうにもならないと納得し、行動主義心理学を捨てて、人間性心理学に方向転換しました。その一つの成果が「欲求五段階説」です。

ここまで、生まれ持ったものの重要性を強調してきましたが、「三つ子の魂」と「学習」

の影響はどうなのかという疑問が残ります。

気質、つまり生まれ持った本質を「地金」だとすると、育つ過程で身についたもの、身につけたものが、「地金」の上に塗り重ねられてひとつの個性が形作られていきますので、**「三つ子の魂」と「学習」が及ぼす影響は重要です。**

それについて、ナランホ博士が著書「性格と神経症」で述べているものを引用してみます。

・子供にとって、「両親の愛に値するかどうか」という価値基準以上のものはない。
・成長期の子供が必要とするもの（例えば愛情）を与えられないと、その子供は、その問題に対処しなければならなくなる。性格とは、このような問題に対処するためにできあがった仕組みだと言える。
・性格パターンは、特定の「情動」に結びついている。

ナランホ博士の言葉は何を意味しているのでしょうか。

人間が他の生き物と決定的に異なるのは、「精神的存在」である点です。衣食住が満たされれば生きていけるわけではありません。これらが満たされなければ生命を維持できませんので、もちろん大事なのですが、同時に、精神的に満たされることも求める傾向があります。

ナランホ博士が〝両親の愛に値するかどうか〟と述べているのは、両親、あるいは両親に代わる人からの愛情によって、「精神的存在」である自分の「価値」を確立できることを意味しています。すなわち、幼少期の生育環境は非常に重要だということです。

ナランホ博士は、〝成長期の子供が必要とするもの（例えば愛情）を与えられないと、その子供は、その問題に対処しなければならなくなる。性格とは、このような問題に対処するためにできあがった仕組みだと言える〟と述べています。

〝その問題に対処する〟とは、自分の「存在価値」を自分で守ろうとする、ということです。守る手段として、無意識に、つまり反射的に「情動」（気質エネルギー）が働くわけです。

ナランホ博士は、〝性格パターンは、特定の「情動」に結びついている〟とも述べていますが、「身体エネルギー」、「感情エネルギー」、「思考エネルギー」と人によって得意なエネルギーが異なるため、〝問題に対処する〟必要があるとき、3つのいずれかのエネルギーを使います。そのエネルギーが繰り返し使われるとどんどん強くなり、性格パターンとして固まるということです。

性格が固まるだけでなく、価値観、コミュニケーション・スタイル、行動スタイルなど、気質エネルギーの影響を受ける7項目が固まってしまいます。その上、やっかいなことに、気質エネルギーは、無意識の反応として自動的に働きますので、本人は気づかないのです。

生まれ持った気質エネルギーによって固まった親の価値観と子供のそれが異なる場合、親が「良かれ」と思ってやることは子供に通じません。それを避けるためには、気質エネルギーが異なると性格がどう違うか、あるいは価値観がどう違うかなどを理解することが大切になります。

9つに分かれる自動反応

これまで、気質エネルギーは、無意識の反応として自動的に働くと述べましたが、この部分を詳しく説明します。

気質エネルギーが異なると、すなわち特性（タイプ）が異なると、反応の対象となる刺激が異なります。どんな刺激に反応するか、タイプによって異なるということです。例えば、あるタイプはゆっくりしたペースには反応しませんが、あるタイプはゆっくりしたペースが我慢できずに反応するというように分かれます。その違いを見ていきましょう。

『タイプ1』

身体に刻み込まれた内的基準（あるべき姿）に合ってないこと（例えばうまくいってないこと、不十分なこと、正しくないこと、許されないことなど）に自動的に反応します。

この反応は、〝なんで？〟、〝どうして？〟という言葉となって現われます。この言葉が他人に向けられるときは心の中のつぶやきに、自分に向けられるときは独り言に、家族や部下など、身近な人に向けられるときは文句になります。

タイプ1が抱いている「あるべき姿」の許容範囲は狭いため、すなわち「良し」とする基準が高いため、完璧主義に見られる傾向がありますが、タイプ1は、自分を完璧主義者だとは思っていません。

『タイプ2』

助けが必要な人、社会的な弱者、弱い動物などに自動的に反応します。

この反応は、やさしい言葉をかける行動になって現れることもあれば、手を差し伸べる行動になって現れることもあります。無意識に身体が反応してしまうのです。

これは、〝お蔭様で助かりました〟、〝ありがとうございました〟という言葉や、ちょっと頭を下げ、感謝を表わす仕草で相手が示してくれる温かい気持ちが、タイプ2を活き活きとさせてくれるからです。

多くの場合、タイプ2は他人に愛をそそぐことに熱心で、自分のことを後まわしにしますので、博愛主義者に見られる傾向がありますが、行き過ぎておせっかいと見られる傾向もあります。

『タイプ3』

自己の評価に影響しそうなことに自動的に反応します。

すなわち、周囲からの評価が高まるであろう成功をアピールする一方で、評価が下がりそうなことは知られたくないという行動をとることがあります。自動反応ですから、〝気がついたらそうしていた〟ということです。

タイプ3は周りの人を意識します。自分がどう見られているか、良いイメージで見てくれているかが気になります。これは、周りの人が、〝すばらしい〟と自分を認めてくれたとき元気になり、周りの人が自分を認めてくれず、無視されたようなときは落ち込むからです。

タイプ３は結果を出すことに熱心で、人一倍成果を上げますが、他のことをおろそかにしがちですので、成果主義者に見られる傾向があります。

『タイプ４』

心を強くとらえること、心に強く響くことなどに自動的に反応します。

タイプ４のセンサーはとても感度が良くて、いろいろなことに敏感に反応します。ひと度センサーが働いてあるものをキャッチすると、気持が高揚したり、悲しみに襲われたり、過去の感動を思い返したりと、内面でいろいろな体験をしますが、それを制御することに困難を感じます。

タイプ４に自動反応が起きると、意識が現実を離れ、内面に入り込んでしばし我を忘れた状態、すなわち夢を見ているような状態になりますので、ロマン主義者に見られる傾向があります。

『タイプ5』

アタマが混乱する（筋道が通らない）話しなどに自動的に反応します。

そして、それを自分なりに理解して頭の整理箱に収めようとしますが、収まらないとイライラし、落ち着かなくなります。

頭は自動的に働き出してしまいますが、頭が働くとき感情の動きは止まりますので、表情は動かなくなります。このため、周囲の人に、冷たい印象、声を掛けづらい印象を与えます。

タイプ5は、感情交流が苦手で、論理的、分析的に物ごとを考えるのを得意にしているため、合理主義者に見られる傾向があります。

『タイプ6』

心配のタネを抱えること（抱えそうなこと）に自動的に反応します。

すなわち、期待に応えられなかったらどうしよう、約束を果たせなかったらどうしようなど、まだ現実にはそうなっていないことに反応します。

タイプ6は、特に周囲の人との関係に敏感です。その場所は自分が居てもいい場所か、自分は疎外されていないか、自分は浮き上がっていないか、などを気にします。

また、目立たず、疎外されず、周りの人に受け入れられるような行動をしますが、行き過ぎると、気の使い過ぎや遠慮のし過ぎになります。

万一の事態への備えを怠らず、配慮が行き届くタイプ6は、安全主義者に見られる傾向があります。

『タイプ7』

楽しくないこと、嫌なこと、刺激がないことなどに自動的に反応します。

嫌なことや不快なことがあると、それを感じ続けることに耐えられず、その心の状態から抜け出すため、これから先の楽しいこと、明るいことをあれこれ考え始めます。また、冗談を言って笑わせたり、馬鹿なことをして笑いをとるなどの行動をします。

タイプ7のまわりにいつも笑いが絶えないのは、暗い、沈んだ空気や緊張感に耐えられないタイプ7が、無意識にその空気を変えてしまう行動をとるからです。

先の見通しが暗いことにも耐えられないため、〝なんとかなる〟が口癖になっているタイプ7は、楽天主義者に見られる傾向があります。

『タイプ8』

攻撃を受けること、命令されること、理不尽なことなどに自動的に反応します。非難や攻撃を受けると、強い力でそれをはねのけようとして、激しい攻撃に出ます。弱い立場に立たされることを避けるため、自分が強い存在であると誇示して、弱みにつけいらせない備えをするわけです。

どなったり、強い言葉で叱責したり、他人の言葉に耳を貸そうとしなかったりと、いろいろな行動をとりますが、タイプ8は、ぶつかりあっているときエネルギーが強く出ますので、生きている充実感が強まります。

無意識に当たりが強くなってしまうタイプ8は、パワー主義者に見られる傾向があります。

『タイプ９』

面倒が起きること、急かされること、追い詰められることなどに自動的に反応します。心をかき乱されることを避けようとして、まるで何も感じていないかのように心を閉ざし、梃子（てこ）でも動かない頑固な状態になってしまいます。

穏やかで風もなく、春のうららかな日なたのような温もりを好ましいと感じますが、この雰囲気は性格にも現れ、動作はゆったり、言葉はゆっくりで、おっとりしている印象を持たれます。

ひたすら聞いてあげられる天性の聞き上手ですが、能動的であるより受動的な面が強く出て、争いを避けるため、平和主義者に見られる傾向があります。

以上のように、気質エネルギーは、ある刺激、ある状況に対して自動的に反応しますので、何度でも繰り返されます。繰り返すと、「この前やってまずいと思ったのに、またやってしまった」と自責的傾向を強める恐れがあります。

次章では、事例も交えて、各タイプをさらに詳しく解説します。その内容から、9つの異なる気質エネルギーが、9つの異なる性格、9つの異なる価値観となって現れ、さらに9つの異なる生き方・働き方に結びついて、一人ひとりの人生に深く影響を与えていることを感じていただけると思います。

なお、読み進めるにあたり、自分のタイプを確認したい読者のため、巻末付録として、**簡易診断チェック表**を付けました。チェック表は、次章以降で詳述している各タイプの「性格、長所・持味、弱点・課題」全15項目を集めたものですので、後日、タイプ参照の手引きとしても活用することができます。

第2章
9タイプ別・特徴

タイプ1　完全主義者の特徴

気質エネルギーの自動反応によって形成される**タイプ（特性）1**を表す象徴的な言葉は**「完全主義者」**です。

①性格

- 理想主義的である
- 辛抱強い
- 細部にこだわる
- 自他に厳しい
- 真っ正直である

②価値観

・何をするにも完全・完璧であることが大切だ。

③長所・持味

・公平で、曲がったことはしない
・自制心があり、わがままを言わない
・丁寧に、終わりまでやり抜く
・倫理を尊び、不正をしない
・手抜きをせず、常にベストを尽くす

④弱点・課題

・柔軟性に欠ける
・細部にこだわりすぎる
・厳格で、堅苦しい印象を与える

・強情で、独善に陥りやすい
・ストレスをため込む

⑤リーダーとしての傾向

・部下に対して、公平であろうとする
・部下から見て、厳しい上司像になる
・部下が納得するまで、時間をかけて、丁寧に、きちんと説明する

⑥長所・持味を活かせる分野

・丁寧さ、粘り強さを求められる職種・職場
・公平さがなによりも重要な職種・職場
・ミスが許されない職種・職場
・不正や誤りを見逃してはならない職種・職場

⑦避けたい分野

・状況が目まぐるしく変わり、迅速な対応が必要とされる職種・職場
・丁寧さ、正確さより、柔軟な対応が必要とされる職種・職場

⑧生き方

70歳過ぎの金属塗装会社の会長（インタビュー当時）
（『人づきあいが9倍楽しくなる心理学』より一部を引用）

「田舎で結婚し、実家の仕事、呉服屋をしていましたが、やがて呉服という仕事に希望を見出せなくなってきました。このまま行って先がどうなるかと考えると、元気が出てこないのです。

今なら店を閉じても痛手は小さいと決断して、昭和38年に呉服屋に見切りをつけました。まだ呉服の商売でも食べていけた時代ですから、田舎の町では気が狂ったかと言われました」

特徴

・自分が直面している現実、体験している現実の否定的な面を特に強く感じてしまう
・現状に満足せず、現状を否定して、先に進む

「それから家族を置いて、友人のいる地方都市に出て行きました。38歳のときでした。そして友人の勧めで金属塗装の会社に経理の仕事で勤め始めました。

その後、友人が応援するからというので金属塗装の仕事で独立することになりましたが、掘立小屋のようなところで、まったく何もないところからの出発でした。現場の仕事を知らないところから始めたわけですから無茶でした。

しかし、応援してくれる友人の信頼を裏切るわけにはいかない、必ず恩返しをするぞ、という強い思いが気持を支えてくれたと思います。何度も行き詰まり、手を上げるところまで追い込まれましたが、いろいろな方のご縁によって切り抜けることができました。誠意をもって一生懸命やることを貫いてきた結果でしょうか」

特徴

・身を粉にして努力を続ける
・信義を重んじ、真っ正直で、一生懸命に生きる

「少しずつ仕事の体裁が整ってきましたが、10人前後の町工場であることには変わりはありません。そして、金属塗装の仕事はこのままではだめだという思いがいつも頭から離れませんでした。

約30社あった同業者の集まりで危機感を訴えても、それを真面目に受けとめてくれる人はいませんでした。仕事は親会社からくるもの、親会社のご機嫌を損ねなければ心配はないと思っていたようです。

私にはそういう感覚は信じられませんでした。このままでいいのかという思いがありましたのでつい口調も強くなり、煙たがられました。

同業者で協同組合を作り、将来に対処しようという提案もしましたが、今のままでは私の会社が困るからだろうと言われてからは、口を閉ざしてしまいました。その提案に

私心はまったくありませんでしたので、悔しかった記憶があります。

でも、このままでいいのかという思いがあったからこそ、前へ前へと歩み続けて、ここまで来ることができたのだと思います。

90年代に入り、大胆にも売上の4倍の借入をして投資し、新工場に移転しました。私の工場は、将来移転せざるを得ない事情を抱えていたこともありましたが、その理由だけで移転したのではありません。このままではだめになるという思いが背景にありました。

その後、発注元の生産数量が減り、発注総量の減少が続く中で、廃業する同業者も出てきましたが、私の会社に対する信頼度は高くなって、仕事量はむしろ増えています。ありがたいことです」

特徴

- “こうであるべきだ”を自分に課すとともに、他者に強く訴える
- 絶えず現状を改革し続ける

インタビューからは、生真面目で、自分に妥協しない**タイプ1**の生き方が浮かび上がってきます。最後に、適材適所の視点から**タイプ1**の方にインタビューさせていただいた事例を紹介します。

⑨黒川さん（仮名・40代男性）へのインタビュー

吉田「黒川さんがエニアグラムに出合って良かったことは何ですか」
黒川「自分の欠点がわかったことです」
吉田「それがどうしていいことなのか具体的にお聞きしていいですか」
黒川「私は、自分の基準で相手を見ていました。相手のいいところよりも、相手のダメなところが目に付いてしまいますので、それを相手に言って反発されていました。それがタイプ１の課題だと納得できましたので、それを抑える努力をするようになりました」
吉田「タイプ１気質エネルギーは、相手のダメなところに自動反応しますからね」

黒川「そうですね。まだ頑張れるのになあ、もう少しできるのになあ、と自分の基準で見てしまうのです」

吉田「そうすると嫌がられますよね」

黒川「その通りです。エニアグラムを学んだ後は、自分の反応に気づけると抑えることができるようになりました。でも、気づけないと出てしまいます」

吉田「タイプ1にとってこの課題をクリアーするハードルは高いですよね。それでもご自身の変化は感じておられるわけですね」

黒川「エニアグラムを学ぶ前は、当然のように自分の基準を押し付けていましたので、意識すれば抑えられるようになったことは大きな変化です」

吉田「自分の正しさを相手に押し付ける一方だったのに、ブレーキをかけられることもあるということですね」

黒川「タイプが違うと、考え方、言葉の受け取り方などが違うということが分かりましたので、それを考慮に入れた接し方ができるようになりました。なかなか心を開いてくれない部下の場合、その効果は顕著で、うまくコミュニケーションができるようになりました」

吉田「タイプが分かっているとコミュニケーションしやすいということですね」

黒川「そうです。ただ、部下のタイプを決めつけるのは危険ですので、その点は注意していきます」

吉田「タイプを決めつけないことは大事な点ですね。他にもありますか」

黒川「各タイプには強みと同時に、弱点と言うか、課題もありますね。そこを理解していると、部下の成長をサポートすることができます」

吉田「それはどういうことですか」

黒川「例えばタイプ６の部下の場合、心配し過ぎてアクションが遅くなることがありますので、やってみてうまくいかないときは考えることにしよう、と言葉をかけてあげると安心して動けます。エニアグラムのお陰です」

吉田「エニアグラムを効果的に仕事に活かしておられるわけですね。話題を変えます。

今回のインタビューの目的は、タイプの気質エネルギーによって授かった強み・持ち味を仕事の中でどう活かしてきたか、適材適所という視点から振り返ってい

ただくことです。どんなときも物事をおろそかにしないこと、やるべきことは最後まできっちりやり遂げること、他にもタイプ1の持ち味はいろいろありますが、これまでの仕事をお聞きしていいですか」

黒川「社会人のスタートはＩＴ企業でした。最初は技術者として開発作業を担当していましたが、仕事に習熟してから設計を担当しました。私が決めた仕様を基に、現場に開発作業の指示を出し、出来上がったシステムを受け取ってテストをする、それが終わると次の仕様を渡して作業を指示するという流れの仕事でした。その当時のことを振り返ってみると、与えられた役割はやり切るべきだという強い思いが働いていたと思います」

吉田「タイプ1は、途中で諦めたり、放り出したりしないですよね」

黒川「納期厳守の仕事でしたので心身ともに限界に近かったのですが、耐えられました」

吉田「タイプ1は、身体も心も強靭ですね」

黒川「その後、設立したばかりの子会社に移って研修や採用を担当し、さらに社内の規定やルールを作る仕事を担当しましたが、楽しかったです。でも、私がやらなければという意識が強すぎて、40度の熱を出しても休まずに採用面接をやろうとする無茶なこともしていました」
吉田「タイプ1らしい義務感が強く働いていたようですが、何もないところに枠組みを作り上げる役割は、タイプ１の持ち味が活きそうですね」
黒川「そうですね。その後、会社が大きくなる過程で管理部門を任せてもらいましたので、会社が支障なく運営されるよう制度を整備したり、新しい事業を軌道に乗せる役割を与えられて責任を全うしたりと、思うままに仕事をさせてもらいました」
吉田「ずっと頑張ってこられたわけですね」
黒川「自分では頑張っている意識はなかったのですが、周りの人は私をそんな風に見ていたようです」
吉田「そうすると、最近、退職されるまで、全力で仕事に取り組んでいたわけですね。無意識に〝ガンバル・モード〟のスイッチが入ってしまうのはタイプ1らしいですよ」
黒川「転職の1年前、会社で機構改革が行われましたが、それまではガンバル自分だったと思います。機構改革後、それまで私が思い通りにやらせてもらっていた管理部門の仕事に枠をはめられましたので、モチベーションが落ちてしまいました」

吉田「黒川さんがこうであるべきだと思っても、その通りにさせてもらえないということですね」

黒川「そうです。そうするとフラストレーションが溜まりますので、モチベーションが落ちてしまい、転職の道を選んだのです」

吉田「タイプ1は、転職を決意するまでは悩んでも、いったん決めると、誰が説得しても揺らぎませんね。意志が強いです。自分自身、ガンコだという自覚はありますか」

黒川「そういう面はあると思います。自分がこうであるべきだと思っていることがその通りにならないと、納得できないですからね。転職したばかりですから分かりませんが、新しい会社でも同じような意識を持ち続けるだろうと思います。私のこういう性格がタイプ1と関係しているとすれば変わらないわけですね」

吉田「そうですね。生まれたときの気質エネルギーは変わらないというのが、エニアグラムが解明した真理ですからね。今日は大変貴重なお話をお聞きすることができました。これからもタイプ１の持ち味を生かしながらご活躍されることを願っています。ありがとうございました」

タイプ2 博愛主義者の特徴

気質エネルギーの自動反応によって形成される特性（タイプ）2を表す象徴的な言葉は「**博愛主義者**」です。

①性格

- 落ち着きがない
- 外向的である
- 喜怒哀楽がはっきりしている
- おしゃべりである
- 落ち込んでいる人を放っておけない

②価値観

・他人と良い関係を築いて、いい人と思われることが大切だ。

③長所・持味

・愛情豊かで、人にやさしい
・奉仕の精神で、人を援助できる
・苦しみや悩みに共感し、親身になれる
・善意にあふれ、他の人の良さを引き出せる
・思いやりがあり、自己を犠牲にできる

④弱点・課題

・必要のない世話をやいてしまう
・親切を押しつける
・感情に振り回される

・お世辞を言ってしまう
・他の人の歓心を買いたくなる

⑤リーダーとしての傾向

・部下の気持（喜び・苦しみ等）を大切にする
・部下から見て、部下にやさしい上司像になる
・部下と気持を通じ合おうとし、部下を喜んで助ける

⑥長所・持味を活かせる分野

・一対一の対面でお客様に接する職種・職場
・助けを必要としている人がいる職種・職場
・相手の気持を感じ取ることが必要な職種・職場
・温かいもてなしとやさしい笑顔が必要な職種・職場

⑦避けたい分野
・長時間、一人きりで作業をするような職種・職場
・ＰＣや機械だけを相手にして仕事するような職種・職場

⑧生き方
50代の心理カウンセラー（インタビュー当時）
（『人づきあいが9倍楽しくなる心理学』より一部を引用）

「大学を卒業して金融機関に務め始めましたが、朝早く出社して、皆の机を拭いていました。また、土曜、日曜関係なく働いていました。

仕事は、まったく苦になりませんでしたので、何時間でも仕事していましたが、お前だけそんなにやると他の人が迷惑する、と上司に言われる程でした。

振り返ってみると、サラリーマン時代はイエスマンでした。上司の顔色を伺い、上司が気に入るようなことをしていました」

特徴

・皆のために何かをしてあげる
・他人に嫌われることを避ける

「でも、典型的な会社人間とは違っていました。会社内の仕事の付き合いやサークルの仲間だけでなく、会社外でも、剣道の仲間、謡曲の仲間、海外駐在時代の仲間など、本当にたくさんの人たちと交流していました。

そんな付き合いグループでのお世話役は、ほとんど私がしていました。人の世話をすることが本当に好きでしたからね。皆が喜んでくれると、嬉しくて疲れもとんでしまうのです」

特徴

・人付き合いを好む
・他人の喜びのためには骨を惜しまない

「私の仕事の仕方は、仕事抜きになってしまうところがありました。いろいろな悩みを抱えて相談に来られる人と会う仕事でしたが、困っている人の気持が痛いほど分かりましたので、特にお年寄りには好かれました。

一方、金銭的には苦労しました。誤診だったのですが、ある病院で長男が統合失調症と診断され、将来お金が必要になると思い込んだのがきっかけでした。

株に投資してバブルがはじけ、数千万円の損失を出して、すっからかんになりました。そんな時期、お金に困っている高校時代の知人と出会って、余計な重荷を背負うことになりました。

その知人は、もう借金ができないところまで追い詰められていましたが、私はまだ借金ができると、詳しく事情も聞かずに、数百万円を用立てたのです。それも返してもらっていないのに、更に保証人になって、傷口を広げてしまいました。

つくづく自分は甘いと思いました」

特徴

・親身になって他人の相談にのる
・困っている人から頼られると冷静さを失う

インタビューからは、心温かく、他人のために一生懸命になる**タイプ2**の生き方が浮かび上がってきます。最後に、適材適所の視点から**タイプ2**の方にインタビューさせていただいた事例を紹介します。

⑨葉山さん（仮名・50代女性）へのインタビュー

吉田「葉山さんがエニアグラムに出合って良かったことは何ですか」
葉山「自分を客観的に見られるようになったことです」
吉田「どうしてそれがいいことなのですか」
葉山「私は、感情が高ぶって攻撃的になることがあるのですが、タイプ2のマイナス面が出ているとと気づくことがあります。そして、どう心を鎮めるかを考えるようになりましたので、感情に振り回されている状態から抜け出ることができるようになりました」

吉田「感情が強く働いてしまうのはタイプ2気質エネルギーの特徴ですが、エニアグラムを学んで、ご自身にそういう傾向があることが分かったわけですね。さらに、気質エネルギーが自動反応してネガティヴな強い感情が出たとき、客観的に対処する方法を考えるようになったということですね」

葉山「そうです。感情が激した原因になっている出来事と違うことを考えたりして、相手との関係が最悪の事態になることを避けられるようになりました」

吉田「タイプ2の葉山さんにとって大きな変化ですね。他にもエニアグラムを学んで良かったと思っていることはありますか」

葉山「対人関係でトラブルを抱えたとき、相手のタイプを考えて相手を理解しようとすること、相手との距離のとり方を考えることなど、ストレスを軽減する知恵がついてきたことです」

吉田「エニアグラムを学んで、相手との関係に煩わされない対処法、もやもやした状態から抜け出す対処法などが身についてきたということですね。ここで話題を変えていいですか。**今回のインタビューの目的は、タイプの気質エネルギーによって授かった強み・持ち味、タイプ2の場合は気持ちの温かさ、他者へのやさしさなどですが、それを仕事の中でどう活かしてきたか、適材適所という視点から振り返っていただくことです。**これまでの仕事をお聞きしていいですか」

葉山「社会人のスタートは、大手コンピューターメーカーで営業職をサポートする事務職でした。誰かの助けになって感謝されることは、私にとって最高の喜びですので、営業職から依頼されることは原則として断らず、残業も気にせずにがんばりました」

吉田「他者の助けになりたいタイプ2らしさを発揮しておられたのですね」

葉山「そうでしたね。また、私は、いつもニコニコ、愛想が良かったので、営業の人に可愛がられ、お客様の所に同行させていただく機会もあり、楽しかったです」

吉田「他者との距離が近くて、誰とでもすぐ仲良くなれるタイプ2らしさを感じます。

この仕事は何年くらい続いたのですか」

葉山「3年間でした。その後、女性活用という社内の方針もあって、上司の推薦を受け、総合職（営業職）に転換しました。ところが、営業職になったのはいいのですが、私はコンピューターが苦手で、何ひとつ分かっていませんでしたので、営業で一人前になれる自信がありませんでした。誰かをサポートする役割だと、その人のために全力を尽くしますので、感謝されて、私も嬉しいのですが、自分が分かっていないものを売る仕事は私に向いていないと感じました」

吉田「他者の助けになれるときモチベーションが高まるタイプ2らしい実感ですね」

葉山「結局、違和感があったこの仕事を辞めたのですが、その決定的な理由は、開発部の女性課長の存在でした。彼女はお客様のところで自社製品を情熱的に語る人で、プロという言葉が相応しい人でした。私は、この仕事を続けても、プロになれる力量はないと自覚していましたので、退職を選びました。30代半ばのことです」

吉田「コンピューターの営業職は自分を活かす道ではない、と見切りをつけたのですね。その後、どうされたのですか」

葉山「自分の持味を活かせる、人に関わる仕事をしたいと思っていたところ、契約社員でしたが、研修インストラクターの求人（未経験可）がありましたので応募し、採用してもらいました」

吉田「人に関わる仕事は、タイプ2の持ち味を活かす道ですね。それで、この仕事はどうでしたか」

葉山「社外インストラクターの指導のもとに、インストラクターとして経験を積み、入社する人を対象にした研修を内製化するミッションでしたが、人に何かを伝える役割は楽しかったので、自分に向いていると思いました。ただ、この会社が採用を抑える方向に転換したため、研修のニーズが無くなり、他部署への異動を打診されました。しかし、私は研修の仕事にやりがいを感じ始めていましたので、悩んだ末に、契約の更新はしませんでした」

吉田「自分の持ち味を活かせる仕事に就いたのに、その道を絶たれてしまったのですね。それでどうされたのですか」

葉山「幸い、社外インストラクターとして指導に来てくれていた会社にご縁ができて、

　結局、そこで採用していただき、研修の仕事を続けることができるようになりました」
吉田「いいご縁でしたね。ここでの仕事はどのくらい続いたのですか」
葉山「事情があって途中でこの会社を離れ、フリーランスになりましたが、通算すると十数年、この仕事を続けました。これから先も続くと思います」
吉田「長い仕事になりましたね。その間、どんなことを感じておられましたか」
葉山「とても楽しかったです。最初の会社では、営業職に転換した後、ずっと違和感があったのですが、この仕事は自分の持ち味を活かしている実感があります」
吉田「やはり人に関わる仕事、人に伝える仕事をしているとモチベーションが高いのですね。社会に出てから30年以上働いてこられたわけですが、ご自身を振り返ってみて、どんなことを感じられますか」
葉山「自分が求め続けてここにたどり着いたというより、ここに導かれてきた感じです。私の心の声が、〝違う〟とシグナルを出している方向を避ければ、自分を活かせる道に導かれるのではないでしょうか」

吉田「そのシグナルは、違和感ということですね。葉山さんの場合、コンピューターの営業職をしておられたとき違和感が強かったと言われましたが、大企業を辞めることに不安感はなかったのでしょうか」

葉山「次の仕事が決まってから辞めたわけではありませんでしたので、不安はありましたが、自分を偽って、もやもやした気持ちを抱えながら働き続けるのは限界だったと思います」

吉田「そこが人生のターニングポイントだったのですね」

葉山「振り返ってみると、そうだったと納得できます」

吉田「そうすると、違和感がある場合は、道を変えたほうがいいということですね」

葉山「私はそうしました。その結果、自分の持味を活かせる役割に導かれたのだと思います」

吉田「ご自身が歩んで来られた道を〝良し〟とされている葉山さんの生き方に心から敬意を表します。貴重な経験をお話し下さいまして、本当にありがとうございました」

タイプ3　成果主義者の特徴

気質エネルギーの自動反応によって形成される**特性（タイプ）3**を表す象徴的な言葉は**「成果主義者」**です。

①性格

- 明るく、目立つように振る舞う
- 自分のイメージにこだわる
- 常に忙しくしている
- おだてに弱い
- 周囲の目や反応を気にする

②価値観

・誰にも負けない、期待されている以上の結果を出すことが大切だ。

③長所・持味

・チャレンジ精神が旺盛で、行動力がある
・常に目標を持ち、精力的に達成しようとする
・野心的で、競争を厭わない
・自信にあふれ、説得力がある
・やり方が効率的で、成果を出せる

④弱点・課題

・見栄や虚栄のとりこになる
・立身出世に過大にとらわれる
・小さなミスも隠したくなる

・競争に駆りたてられる
・目的のために手段を選ばないことがある

⑤リーダーとしての傾向

・はっきりと目標を示す
・部下から見て、仕事ができる上司像になる
・成果を重視し、成果にふさわしい評価をする

⑥長所・持味を活かせる分野

・営業職など、仕事の成果がはっきり数字で把握できる職種・職場
・広告業界など、格好良くて華やかな職種・職場
・外資系など、結果をストレートに評価してくれる職種・職場
・プロジェクトリーダーなど、チームを率いて成果を出す職種・職場

⑦避けたい分野

・プログラミングや印刷媒体制作など、地道な作業が続く職種・職場
・他者との協力を必要としない、一人だけで仕事を行うような職種・職場

⑧生き方

40代のビジネスパーソン（インタビュー当時）
（『人づきあいが9倍楽しくなる心理学』より一部を引用）

「大学を卒業してアパレルの会社に入り、人事の仕事を担当しました。入社一年目から会社説明をしましたが、会社を商品として学生に売り込むのは楽しかったです。

私が担当したら、狙いをつけた学生は絶対にとるという自信もありました。私は会社に本当に惚れていましたから、語りに熱が入って、自分の話しに酔ってしまうのです。

採用や教育という仕事は好きでした。入社時の教育に批判的な新人に説教するのも私の役割でした。嫌なら帰れ、とかなり厳しいことを言いましたが、新入社員は結構ついてきてくれましたね」

特徴

・説得が得意で、相手の気持ちを動かす
・他人に影響を与えられる仕事を好む

「社内での評価には敏感でした。人事ですから、同期入社した仲間のボーナスや昇給の査定結果が見えてしまいます。人事部門の人間が同期生のトップ評価になることはないと頭で分かってはいるのですが、それでも自分より上の評価の同期に心が平静ではおれませんでした。

また、上司のちょっときつい評価にも、心穏やかならぬものがありました。肩書ではないぞ、と口では言いながら、内心では肩書きや序列をすごく気にしていました」

特徴

・評価に心を煩わされる
・人の優劣に敏感である

「入社数年後に仕事を異動させて欲しいという希望を出していましたが、それがかなわずもやもやしていた頃、大学の先輩から声が掛かり、健康関連商品を扱うベンチャー企業をいっしょにやることにしました。

取締役になり、多少出資もするという立場でしたので、私のプライドをくすぐるものがあって、その気になったのです。

私は、営業担当役員として飛び回り、狙いをつけたところの半分は商談を成功させましたから、成功の確率は高かったです。ここを攻めれば落ちるという勘所を掴んでいましたので、おもしろいほど上手くいきました。

ところが、全国をくまなく歩き、お客さんになりそうなところは全部網羅しましたので、営業として新規にやることがなくなってしまいました。そこで私は、新しくスタートしていた飲食店を見ることになりました。

60人の飲食店の店長になったのですが、最初の1年は、人心を掌握できなくて辛かったです。私を店長と呼んではいるものの、軽く見られているのは分かります。そういうことにはすごく敏感ですので。

自分に不利な状況になると、見え透いたことをやってしまいますので、部下の印象を悪くして、余計に事態を悪化させてしまいました」

特徴

- **プライドが高い**
- **苦しくなると余計なことをする**

インタビューからは、常に活動的で、何事かを成し遂げようとがんばる**タイプ3**の生き方が浮かび上がってきます。最後に、適材適所の視点から**タイプ3**の方にインタビューさせていただいた事例を紹介します。

⑨田部さん（仮名・50代女性）へのインタビュー

吉田「田部さんがエニアグラムに出合って良かったことは何ですか」

田部「自分を知ったことですね」

吉田「どうしてそれが田部さんにとっていいことですか」

田部「ひとつは自分を許せるようになったことです。もうひとつは自分が何を求めているのか、分かるようになったことです」

吉田「それで何か変わりましたか」

田部「変わりましたね。自分を大事にするようになりました」

吉田「もう少し具体的にお聞きしていいですか」

田部「私は仕事がすべてだと思っていました。会社から期待されていることに全力で応える。そのためには、無意識に自分が嫌だなと思う人にもいい顔を見せて、自分を殺して仕事をしてきました」

吉田「期待されている結果を出す、あるいはそれ以上の結果を出すため、あらゆることを犠牲にしてしまう典型的なタイプ３の人生だったということですね」

田部「そうです」

吉田「エニアグラムを学び始めてそういうご自身に気づき、行き過ぎた働き方の軌道修正ができるようになったのですか」

田部「そうです」

吉田「そうすると、田部さんは、いい意味で働き方を変えられたということですね」

田部「すべてというわけではありませんが・・・。変えられない部分もありますから（苦笑）」

吉田「変えられない部分は、タイプ３の気質エネルギーと密接につながっている本質、つまり評価を追い求めてしまうことですね。では、変えられた部分はどんなところですか」

田部「タイプ３の自分は評価にこだわってしまいますので、自分の評価を高めたいがゆえに、これまで、あらゆることに手を出してきたのですが、自分が納得できること、自分がやりたいことだけをやる。そういう自分に変わってきました」

吉田「それが自分を大事にするということですね。タイプ3にとっては大きな変化ですね。他にエニアグラムを知って良かったと思っていることはありますか」
田部「人間関係、特に上司との関係で、以前ほど悩まなくなりました」
吉田「それはどういうことですか」
田部「私はタイプ3ですので、評価に敏感で、私が評価して欲しいと思っているところを評価してくれる上司の場合はいいのですが、そうではない上司のとき、どうしてもネガティヴな感情が出て、苦しんでいました。エニアグラムを学んで自分を知り、また、タイプによって異なる考えを持つ人がいることを知りましたので、私が思っているように相手が思ってくれないのはやむを得ないこと、と理解できました。それで楽になりましたね」
吉田「人間関係が楽になるのはエニアグラムを学ぶ恩恵のひとつですね。ところで、**今回のインタビューの目的は、ご自身のタイプの気質エネルギーによって授かった強み・持ち味、田部さんの場合、タイプ3の強み・持ち味ですね、これが仕事の中でどう生かされてきたのか、適材適所という視点から振り返っていただくこと**

です。社会人として働き始めてからのことをお聞きしていいですか」

田部「私が新卒で入社して今日まで働いてきたのは、広い意味で教育ビジネスの会社です。入社して会社の花形である営業部門に配属され、毎日が充実した3年間を過ごしました」

吉田「タイプ３の田部さんにとって、努力の結果がはっきり見える営業部門はピッタリでしたね」

田部「ところが4年目にサービス部門に異動になりました。当時のサービス部門は、会社の中でも地味な役割でしたので、営業部門の人たちに、左遷されたと噂をされました」

吉田「他者の評価が気になるタイプ３の田部さんにとって、辛い現実でしたね」

田部「でも、私は、見返してやるぞ、と闘志を湧かせていました。今思えば、自分の中のタイプ３気質エネルギーに火が点いたということですね」

吉田「やる気に火が点いたわけですね」

田部「そうです。守りのサービスから攻めのサービスに変えて、サービス部門の会社への貢献度を飛躍的に高めました。おかげで、当社、初の女性マネージャーに抜擢され、ピーク時には60人の部下を抱えていました。部下一人ひとりの能力・長所を把握し、それを最も活かせる役割を与えて、モチベーションを高めていました」

吉田「部下をやる気にさせる能力はタイプ3の強みですから、それを最大限に発揮しておられたわけですね」

田部「その当時はエニアグラムを知らなかったわけですけど、自分のタイプの持ち味を活かせたのはラッキーでした」

吉田「その頃の田部さんの様子が目に浮かぶようですね。その後はどうだったのですか」

田部「開発部門に異動になりました。開発部門は、会社を支える重要な部署なのですが、私の上司の評価軸と、私の評価軸が違っていましたので、モチベーションが落ちてしまいました。このときはエニアグラムを学んでいましたので、上司に迎合せず、自分の意見と異なれば、それをはっきり口にするようになっていました。自分を大事にする気持ちを持てるようになっていたということですね」

吉田「評価にとらわれがちなタイプ3にとっては大きな変化でしたね」

田部「評価を得るためには成功することが大切ですので、成功を求めてあらゆる手を尽くしてきたわけですけど、あるとき、他の人は私が思っていたところと別のところを評価してくれていることに気づきました。成功、つまり何事かを成し遂げることで人間の価値が決まると思っていましたが、そうではない、たとえば私が寝たきりになっても役に立てることがある、と思えるようになりましたので、生き方が変わりました」

吉田「大きな変化ですね」

田部「そうですね。でも最近、会社では、田部さんらしくない、つまり、やる気まんまんのテンションの高さがない、と言われるのですが、それはそれでいいと受け入れられるようになりました。エニアグラムのおかげです」

吉田「成功のために必死になってがんばる自分でなくてもいい、と受け入れられるようになってきたわけですね。今日は、大変貴重なタイプ3の人生ストーリーを聞かせていただきました。エニアグラムの恩恵は大きいですね。ありがとうございました」

タイプ4　ロマン主義者の特徴

気質エネルギーの自動反応によって形成される**特性（タイプ）4**を表す象徴的な言葉は**「ロマン主義者」**です。

①性格

・常識の尺度からはみ出てしまう
・（人の）好き嫌いがはっきりしている
・やりたいことにのめり込む
・他人と一緒であることを嫌う
・揺れ動く感情を持て余す

②価値観

・現実世界より、自分の内面（で感じること）が大切だ。

③長所・持味

・繊細で、豊かな感受性を持っている
・独創的で、新しいものを生み出せる
・個性的で、独自の表現ができる
・美意識が高く、芸術的センスに富む
・創造力に富み、大きな夢を描ける

④弱点・課題

・自己陶酔に陥りやすい
・現実を忘れてしまう
・破滅的な方向に流されやすい

・感傷的に孤独に浸る癖がある
・嫉妬心にとらわれる

⑤リーダーとしての傾向
・いつも夢を語っている
・部下から見て、ロマンチストの上司像になる
・夢をどんどん広げて、追いかけて行く

⑥長所・持味を活かせる分野
・クリエーターなど、独自の表現を産み出す必要がある職種・職場
・新しい売り方、新しい提案など、創意工夫を求められる職種・職場
・編集者など、次々と新しい企画を産み出す必要がある職種・職場
・技術開発など、新たな価値の創造が必要な職種・職場

⑦避けたい分野

・日々、同じ業務を繰り返さなければならない職種・職場
・たくさんの人と協調しながら仕事をしなければならない職種・職場

⑧生き方

50代のオーナー経営者（インタビュー当時）

（『人づきあいが9倍楽しくなる心理学』より一部を引用）

「実家の農業を継いで、農業後継者の会の事務局長を引き受け、広い地域で活動していましたので、女性に出会う機会はたくさんありました。そのうち一人の女性を好きになり、相手も私を好きになりました。そして、両親とともに結婚の申し込みに行ったのですが、相手の両親に反対されました。

相手の女性は大学を出ており、それも親は苦労して大学を出させた家だったのです。百姓に嫁がせるために大学に行かせたわけではないと断られました。

それ以来、私の情熱の対象は、その女性に向けられました。その女性とは3日と空け

ずに会う間柄になり、結婚はしませんでしたが、自分でもあきれるくらい徹底的に付き合いました。

その後、年上の人妻と深い仲になりましたが、それが相手のご主人に分かり、訴訟沙汰になってしまいました。その経験から、法律の大事さを痛感しました。そして、高裁に勤めていた叔父について、15年間、みっちり法律を勉強しました」

特徴

・やることが極端で、のめり込む

・常識で測ることができない行動をする

「ある師に出会ったことがきっかけで、花作りに熱中するようになり、花を売る商売へ手を広げました。

花を作り始めてしばらくすると、どう活けるかを自分で極めずに花を作ることに満足できなくなりました。そして、生け花を習い始め、師範の免状を取得して、教える立場になりました。

社員には、花を売るに際して、花を売っているという意識ではだめだ、情報を売るという意識を持ちなさいと強調していました」

特徴

・興味を持った物事を究めようとする
・仕事で独自の感覚を発揮する

「50数年の人生を振り返ると、間違いなく、私は他人が歩く道の裏を歩いてきました。バブルで、世の中が株に熱を上げている最中に、それまで株につぎ込んでいた資金を全部引き上げました。そして、額に汗して稼ぐ本業にその資金を回すべく、方向をぱっと切り替えました。

商売をやってきましたが、本当のところ、私は商売を嫌悪しているところがあります。自分は商売人ではありません。商売人は、利益を第一に考える人です。私がやってきたことは事業です。

事業家とは、投資し続ける人です。常にリスクテークし続ける人です。リスクに賭けるぞくぞくするような感覚に惹かれているのかもしれません。これが私らしい生き方だと思います」

特徴

- **他人とは違う道を歩く**
- **リスクがあるところに惹かれる**

インタビューからは、想いに突き動かされるまま行動したくなる**タイプ4**の生き方が浮かび上がってきます。最後に、適材適所の視点から**タイプ4**の方にインタビューさせていただいた事例を紹介します。

⑨春山さん（仮名・50代男性）へのインタビュー

吉田「春山さんがエニアグラムに出合って良かったことは何ですか」
春山「自分を見つめることができるようになったことです」
吉田「その前はどんな感じだったのでしょうか」
春山「親を含めた周りの人が私のことをあれこれ言うわけですが、それが私だと思っていました。例えば、私はミーティングの場で積極的に発言していましたが、自分を見つめて分かったのは、本当は発言したいと思っている人間ではないということでした」
吉田「自分の本当の姿が見え始めたということですね」
春山「そうです。私は発言も行動も積極的なほうでしたので、リーダーシップを発揮できる人間だと思われていましたが、その役割をしたいと思っていたわけではないことに気づいたのです」
吉田「周りの期待に応えていたということですか」

春山「そうです。理屈っぽい人間だとも言われていました。ですから、エニアグラムを学び始めたとき、自分は理屈屋のタイプ5だと思っていました」
吉田「身につけたもの、つまり学習したものが分厚いと、自分の本当の姿は見えづらくなりますね」
春山「自分自身をかなり誤解していました」
吉田「自分の姿が見え始めたことで何か変わりましたか」
春山「自分を好きになりました」
吉田「ご自身に対して肯定的になったわけですね」
春山「そうです。ですから私は今の自分がいちばん好きです」
吉田「そうすると日常が変化しそうですね」
春山「これは好きです、これは嫌いです、と自分が感じたことを率直に言えるようになりました」
吉田「感じたことを表現するのはタイプ4らしいですね。エニアグラムに出合う前は抑えていたのですか」

春山「そんな意識はなかったのですが、抑えることを学習したのだと思います」
吉田「自分を見つめることで、抑えていたことに気づいたわけですね」
春山「そうです。表現するようになった自分は好きです」
吉田「大きな変化でしたね。他にエニアグラムを学んで良かったと思っていることはありますか」
春山「エニアグラム・セミナーで、大切な仲間に出会えたことです。感じたままを表現しても変な奴だと思わず、そのままの私を受容してくれますので、解放された気持ちになります」
吉田「タイプ４は変わった人と見られてしまう傾向がありますが、そういう偏見を持たずに受け入れてくれるわけですね」
春山「そうです。もうひとつ良かったことは、地に足がついてきたことです。目標を定め、その実現のために地道に努力できるようになりましたので、大学院で臨床心理の修士にチャレンジしました」
吉田「タイプ４は夢を描くのが好きですが、春山さんの場合は、夢で終わらせず、努力して実現してきたのですね」

春山「エニアグラムを学ぶ前は、やらなければならないことより、やりたいことを優先していました。今は、やらなければならないことにも取り組めますので、バランスが取れている感じです」

吉田「そういう風に変化したご自身が好きなわけですね。話題を変えさせてください。**今回のインタビューの目的は、タイプの気質エネルギーによって授かった強み・持ち味を仕事の中でどう活かしてきたか、適材適所という視点から振り返っていただくことです。**これまでの仕事をお聞きしていいですか」

春山「社会人のスタートは教育関係の会社でした。企画、宣伝、広告などが主な仕事でしたが、小さな会社でしたので、教育相談や保護者対応などもしていました」

吉田「その時期は、夢や自由な発想など、タイプ4の持ち味が活かされていたと思いますか」

春山「会社の理念には共感していました。また、自分のアイデアや発想でやりたいようにやらせてくれる会社でした」

吉田「自由度の高い会社だったのですね。タイプ4には居心地が良さそうですね」
春山「私にとっては良い会社でした。私は、〝自分がやりたい〟ことを〝自分でやる〟ことが好きなのです。それを許してくれる会社でした」
吉田「春山さんにピッタリの会社だったわけですね。その会社に在籍している間、同じ仕事だったのですか」
春山「いいえ、会社には16年在籍しましたが、後半はマネジメントの役割でした」
吉田「その役割はどうでしたか」
春山「今、振り返ってみると、マネジメントの仕事は私に向いていなかったと思います」
吉田「それはどうしてですか」
春山「役割としてやっていましたが、リーダーシップを発揮することは好きではありませんでした。自分が可愛い人間で、人望も欠けていますので、向いていなかったと思います」
吉田「ご自身に向いていないのに、その役割を担うようになったのはどうしてですか」
春山「私はバブル期直前の入社でしたので、会社の戦力になり始めた頃、バブルの真っ最中でした。その時期に営業成績を上げましたので、マネジメントに昇進したのです。しかし、その後バブルがはじけて、会社の経営は苦しくなる一方でした。本当に苦しかったです。当時は、自分にリーダーシップがあると誤解していましたので、自分を鼓舞していましたが、タイプ4らしさをまったく発揮できていませんでした」

吉田「ご自身の持ち味を活かしていなかったわけですね」

春山「会社での最後の頃、自分で採用した社員を自分で解雇していましたので、最悪でした。毎日、死にたい、死にたいと叫んでいました」

吉田「辛い日々だったのですね」

春山「工事現場を通ると、あのクレーンが倒れてこないかな、と本気で口に出していました」

吉田「そこまで追い詰められていたわけですね」

春山「会社での最後の仕事は、会社を売却することでした。幸いにも売却できましたので、その時点で、私の最初のビジネス・キャリアは終わりました」

吉田「その後、社会保険労務士の資格を取得して、開業されたわけですね」

春山「そうです。前職でボロボロに傷ついて、人生を捨てていましたので、自分にまったく合っていない仕事を選ぼうと思ったのです」

吉田「そうですか。法律で決められている書類を作成して役所に届ける社会保険労務士のような仕事は、タイプ４の春山さんには向いていないはずだと不思議に思っていたのですが、自分を捨てた選択だったのですね」

春山「そうです。もう傷つきたくなかったのです。決まったことをやっているだけだと傷つきませんからね」

吉田「前職でのダメージが大きかったのですね」

春山「言われたことを言われた通りにやる仕事ですから、感情が入りませんので、傷つかないのですが、自分に最も合っていない仕事を続けているうちに心と身体に不調をきたしてしまいました」

吉田「いつまでも自分の心を偽り続けるのは難しいわけですね」

春山「そうですね。幸い、キャリアカウンセラーの資格取得講座が始まった時期でしたので、それを勉強して資格を得ました」

吉田「カウンセリングの仕事はどうですか」

春山「カウンセリングの面談は、一回限りの真剣勝負ですので、生きている実感があります。また自分の美意識というか、哲学を問われている感じがするのも好きです」

吉田「タイプ4らしい感じ方ですね。春山さんにはカウンセリングがピッタリのようですが、社会保険労務士の方はどうですか」

春山「私の、〝誰かが泣く仕事は引き受けない〟という哲学を認めてくれる会社しか引き受けませんので、今はストレスがありません。お金は儲かりませんが、それでいいと思っています」

吉田「エニアグラムをきっかけにしてご自身に目覚め、ご自身が大切にしたいものからブレない生き方にたどり着いた春山さんのお話に大変感銘を受けました。ありがとうございました」

タイプ5　合理主義者の特徴

気質エネルギーの自動反応によって形成される**特性（タイプ）5**を表す象徴的な言葉は**「合理主義者」**です。

①性格

・自制的である
・内向的である
・人との間に距離を置く
・物静かである
・淡白である

②価値観

・自分の頭（理屈）で納得することが大切だ。

③長所・持味

・分析的で、論理がしっかりしている
・客観的な立場から、物事を洞察できる
・冷静で、落ち着いて物事に対処できる
・理性的で、博識である
・質素で、物欲に惑わされない

④弱点・課題

・割り切り過ぎる
・傍観者になってしまう
・コミュニケーションを断って孤立する

・温かみに欠ける
・逃げの姿勢になる

⑤リーダーとしての傾向

・理由を説明して分からせようとする
・部下から見て、物静かな上司像になる
・仕事に関係があること以外には巻き込まない

⑥長所・持味を活かせる分野

・コンピューター技術者など、論理的な思考を求められる職種・職場
・調査や分析に基づいた判断が必要な職種・職場
・研究職など、膨大な過去の論文や資料に目を通す必要がある職種・職場
・コミュニケーションの必要性が小さく、単独で業務を行える職種・職場

⑦避けたい分野
・良好な人間関係を築いて業務を行う必要がある職種・職場
・不特定多数の人を相手にしなければならない職種・職場

⑧生き方
50代のビジネスパーソン（インタビュー当時）
（『人づきあいが9倍楽しくなる心理学』より一部を引用）

「会社に入って5年目で、始めて部下を、しかも新入社員の部下を持ちましたが、そのときは悩みました。私の頭の半分を、どうすれば部下が納得して仕事をしてくれるかという課題が占めていました。

私は仕事を分かっていますので、自分でやれば簡単なのですが、それを部下に分からせ、やらせることは苦痛でした。何をしないといけないかを自分で考えて仕事ができる部下を望んでいました。

私はすぐ頭で割り切れてしまう合理人間で、今思うと、これが問題でした。これをしたらこうなるという論理や因果関係が納得できれば、そこで終わりでした。そのことによって痛い目に合っている人のことは後回しでした。

これでは部下との信頼関係ができないのも当然です。冷たいと思われてもしかたがありません。私が納得できて合理的だと思えることを、いくら説明しても納得しない人は、不合理な人だと決めつけていました。

こういう人には手を焼きましたが、逆に相手は私のことを温かみや潤いのない非情な人間だと感じていたと思います」

特徴

- ・人との関係に戸惑う
- ・理屈を重視する

「私は、自分がやるべきことを自覚して、言われなくてもやるし、自分の仕事については、全体の中での位置付け、他部署との関連、期待されている水準、その他必要なことはしっかり考えますので、それなりの成果を出してきたと思います。

しかし、私がどれだけのことを考えてやっているか分かってくれない人もいて、そういうときにはひどく失望していました。それを懸命に分かってもらおうとする努力は無駄だという感覚がありましたので、説明や弁解もほとんどしませんでした。コミュニケーションは不得手でした」

特徴

- 集団での共同作業は苦手である
- 丁寧な説明はしない

「私は、他の人より先のことが見えたり、全体が良く見えたりするところは自分の強味かなと思っていますが、それをなかなか分ってもらえませんでした。

仕事の重要な局面で、他の人が違う方向を向いたときに、自分なりに止めようとし、自分が正しいと思う方向に向かせようとしましたが、それが無理なときには、その職場から逃げ出したくなっていました。こんな話しの分からない人たちに、これ以上付き合っていられないという思いが湧いてくるのです。

実際に逃げ出しはしませんでしたが、この体験は、繰り返し味わっていました。自分でその事態を変えるために奮闘することには価値を感じませんでしたし、無駄なことのように感じていました」

特徴

・先のこと、全体のことを見通せる
・他人を説得するのは苦手である

インタビューからは、対人関係を避けて、アタマを働かせることに熱中する**タイプ5**の生き方が浮かび上がってきます。最後に、適材適所の視点から**タイプ5**の方にインタビューさせていただいた事例を紹介します。

⑨西さん（仮名・50代男性）へのインタビュー

吉田「西さんがエニアグラムに出合って良かったことは何ですか」

西「他人を許せるようになったことですね。他人の考えを認めることができるようになりました」

吉田「エニアグラムに出合う前はどうでしたか」

西「その前は、考え方が自分と合わないとイライラしていました。それを我慢して、顔にも出さないようにしていましたが、そうすると疲れるんですね」

吉田「そういう日常だとストレスが溜まりますよね」

西「はい。我慢するのですが、溜まってくると怒りが爆発して、止まらなくなっていました。それで人間関係にひびが入り、今度はそれを修復するのにエネルギーを使うので、疲れて、ひどい肩こりが続いていました。エニアグラムを学んでからは、他人を許せるようになりましたので、それが軽くなりました」

吉田「どうして許せるようになったのですか」

西　「エニアグラムを学んで、タイプによる考え方の違いを実感しましたので、自分と考えが違うのは当たり前だと思えるようになりました。それが許せるようになった理由です」

吉田「タイプが違うと考え方が違うのは当たり前だと納得できたわけですね」

西　「そうです。人間として、許容量が増えたというか、大きくなったというか。すると気持ちに余裕ができて、楽になりました」

吉田「それがエニアグラムによる変化だったわけですね。他に何か良かったことはありますか」

西　「自分自身と折り合いをつけることができるようになったというか、自分を許せるようになったことですね」

吉田「それはどういうことですか」

西　「私は自分のことを嫌いでした。頭でっかちで、相手を理屈で言い負かす人間でした。そんなことをされて嬉しい人はいませんよね。相手を嫌な気分にさせては自己嫌悪に陥る。そんなことが続いていました」

吉田「タイプ5の気質エネルギーが、そうさせてしまうわけですね」

西「エニアグラムの勉強では、同じタイプの人が集まって、グループで話し合いをしますね。私と考え方が似ている人がいて、私が嫌だと思っているところも、同じように持っている。その発見は驚きでした」

吉田「気質エネルギーが同じだと、同じように感じ、同じように考えてしまうわけですから救われる気持ちになりますね。あなた個人の問題、あなたの人格の問題ではなくて、生まれたときに授かった気質エネルギーの働きからくる傾向なので、一人で悩むことはなかったと分かるわけですからね」

西「そうですね。同じことで悩んでいる人がいるという安心感で、気持が解放されましたので、ずいぶん楽になりました」

吉田「他人を許せるようになった、自分を許せるようになった、この二つをお聞きしましたが、他にエニアグラムを学んで良かったことはありますか」

西「エニアグラムを学び始めたことがきっかけで、アドラー心理学など、いろいろなことを学ぶ機会が広がりました。学ぶことに対するモチベーションが高くなって、様々な勉強をしましたが、それが対人関係を良くすることに役に立っている実感がありますﾞ」

吉田「それもエニアグラムを学んだことがきっかけになったわけですね」

西「お陰様で視野が広がりました」

吉田「話題を変えますね。**今回のインタビューの目的は、タイプの気質エネルギーによって授かった強み・持ち味を仕事の中でどう活かしてきたか、適材適所という視点から振り返っていただくことです。**これまでどんな仕事をしてこられましたか」

西「最初の仕事は旅行会社でした。個人旅行の相談に来られるお客様の希望をお聞きして手配をする仕事でした。インターネットを利用できる時代ではありませんでしたので、自分で情報を集めて、旅行の組み立てを考え、お客様に提案するのですが、楽しかったですね」

吉田「あれこれ比較検討しながら最善のプランを考える役割は、タイプ5の持味が活きる仕事ですね」

西「一方で、添乗員は向いていないと思いました。ツアー旅行ですからお客様を楽しませるように盛り上げないといけないのですが、それは得意じゃなかったです。この仕事は向いていないと感じましたので、移って一年も経たないうちに元に戻してほしいと希望を出しました。上司も同じように思っていたみたいで、手配の仕事に戻してくれました」

吉田「たくさんの人と臨機応変に対応をするのは、タイプ5は苦手かもしれませんね。そうすると、旅行会社におられるときは、手配の仕事を続けておられたのですか」

西「いいえ、その後、管理部門に異動になりました」

吉田「そこではどんな仕事をしておられたのですか」

西「総務、経理、法務など、さまざまな仕事を担当しました」

吉田「それはどうだったのですか」

西「仕事の効率化・合理化やコストダウンなど、工夫の余地がたくさんありましたので、それも楽しかったです。業務改善のような仕事は、自分に向いていた感じがします」

吉田「ご自分を活かせていたわけですね。その後は対人支援、具体的には就労支援の仕事に変わりましたね。その仕事では、タイプ5の持ち味を活かせている実感がありますか」

西　「いいえ、逆な感じです。合理性、効率性を追求する仕事では自分を活かせていたと思いますが、就労支援はまったく違いました。相談者の気持ちを受け止めて、共感的な関係、共感的な雰囲気を作り出せることが大事なのですが、私が苦手な部分でした」

吉田「タイプ5の持味と真逆ですね。効率優先で相談者に関わると反発されてしまいますからね」

西　「そうでした。私に欠けているものを身につけないとこの仕事はできませんでしたので、高いハードルでしたが、必要なスキルの獲得にチャレンジしました。お陰様で、相談者の支援をする資格も取得できて、現在もこの仕事を続けています」

吉田「そういうご自身をどう思われますか」

西　「いいチャレンジでした。どうしても合理的な考えが出てしまいますので、私は、角がある人間、近づきがたい人間という印象を与えていました。これは、相談業務の場合、マイナスになってしまいます」

吉田「タイプ5の課題ですね。そこにチャレンジされたわけですね」

西「はい。支援に必要なスキルを学んで身につけましたので、人間としてバランスがとれてきた、人間が柔らかくなった感じがします。古くからの友人は、私が変わったことに驚いています。そのように見てもらえるのは嬉しいです」

吉田「自分のタイプの持ち味で勝負していく、自分に欠けているものを身につけて選択の幅を広げる、どちらもあるということですね。自分のタイプの持ち味にこだわらず、欠けているもの、課題にチャレンジすることも、人間の幅を広げてくれるという意味で大事だ。そんなことを、西さんのお話を聞かせていただいて感じました。ありがとうございました」

タイプ６　安全主義者の特徴

気質エネルギーの自動反応によって形成される**特性（タイプ）６**を表す象徴的な言葉は**「安全主義者」**です。

①性格

・謙虚である
・慎重である
・神経質である
・誠実である
・人あたりがやわらかい

②価値観

・何事にも、またどんな場面でも用心深くあることが大切だ。

③長所・持味

・気配りが行き届く
・節度をわきまえている
・ミスが少ない
・信頼できる
・秩序を守る

④弱点・課題

・悲観的な気持に襲われる
・極端に用心深くなる
・権威に依存しがちである

・極端に卑下する
・被害妄想にとらわれる

⑤リーダーとしての傾向

・気配りが行き届く
・部下から見て、相談しやすい上司像になる
・親近感や信頼感を具体的な分かりやすい形で示す

⑥長所・持味を活かせる分野

・保守業務など、地味だが責任の重い職種・職場
・総務など、裏方として会社を支える職種・職場
・窓口業務など、お客様の相談に乗る職種・職場
・マニュアル等でやるべきことが明確に定められている職種・職場

⑦避けたい分野
・処理ルールがあいまい、もしくは頻繁に変わるような職種・職場
・責任を一人で背負わなければならない職種・職場

⑧生き方
50代のビジネスパーソン（インタビュー当時）
（『人づきあいが9倍楽しくなる心理学』より一部を引用）

「中規模ですが働きやすいメーカーに就職をして、順調にサラリーマン生活を過ごしていましたが、課長に昇進したとき、自分の自信のなさを思い知りました。

私が課長になると同時に、よく気心の通じている人が私の部長として転任してきました。穏やかな、尊敬できる部長だったのに、課長になったばかりの私は、課長職を意識するあまり、恐れに囚われたのです。

部長は私をだめな課長と思っているのではないか、課長としてやるべきことをやっていないと思っているのではないか、と根拠もない不安に脅かされていました。部長がそ

う言ったわけでもないし、そういう素振りを見せたわけでもないのに、私の中で妄想が湧いてきてしまうのです。

この脅えにどう対処していいか自分でも持て余しました。仕事に熱中しているときはいいのですが、自分がほっとした瞬間、あるいはふっと気が抜けた瞬間に、不安に襲われて、恐くなってしまうのです。それが半年くらい続きました。

その間、部長との間で、業務に必要なやりとりはしましたが、オープンなコミュニケーションをすることはできませんでした。今、考えると、課長としての自分にまだ自信を持てなかったからだと思います」

特徴

・責任を重く意識し過ぎる
・否定的な妄想に取りつかれる

「最初に大きな挫折を体験したのは、取締役になった最初の役員会でした。社長から受けた質問に答えられなかったのです。あれは打ちのめされた気持になりました。

初体験の役員会でしたから、今になって考えてみると緊張があってあたりまえです。また、社長の質問も特に重要な意味のあるものではありませんでしたので、他の役員が私をどうこう思うはずがなかったのですが、私が自分で囚われてしまったのです。

社長という権威ある存在を意識し過ぎて、うまく対応できなかった自分に強い自己嫌悪を感じてしまいました。権力におもねようとしていた自分に気づいて、嫌な気分になりました。自分に強い信念があればどんな場面でもたじろぐことはなかったのでしょうが」

特徴

- 緊張しやすい
- 地位の上位者に対して委縮する

「私が自分自身を思い知らされた、忘れられない体験があります。施設部長をしていたときのことです。

工場の地震対策のため、業者を入れて工事をしているとき、業者がガス管を破損させ、火災を引き起こしてしまいました。私は、施設部長であると同時に地震対策工事プロジェクトのリーダーでもありました。

施設部長として必要なところに連絡したり、指示を出したりする役割と、プロジェクトのリーダーとして現場に駆けつけ、現場に対処する役割の二役を担っていましたが、どうしても現場に駆けつけることができませんでした。

頭が真っ白で、何をどうしていいか分からず、刻々と変わる現場からの報告に呆然としていたことを憶えています。

火災が収まって復旧工事が始まると、どれだけ短時間に現状を回復できるかが会社の最大の関心事になるわけですが、私の意識は、そちらより、何故その事故が起きたのか、原因究明のほうにいってしまうのです。今大事なのは現状を回復することだと頭で分かってはいるのですが、原因追求をしてしまうのです。

結局私は原因究明チームを率い、次長に現状復旧チームを率いさせました。原因を究明すれば自分の責任を回避できると、無意識に考えていたのかもしれません。

誰も私を叱責したわけではないのに、お前の責任だと思われているのではないかと、疑心暗鬼に陥ってしまうのです。自分が裁かれるのではないかと恐怖心を抱いてしまうのです。自分で自分の首を絞めていました」

特徴

- **ピンチのとき平常心を失う**
- **疑心暗鬼になる**

インタビューからは、あれこれ気を使いながらも、懸命に責任を果たそうとする**タイプ6**の生き方が浮かび上がってきます。最後に、適材適所の視点から**タイプ6**の方にインタビューさせていただいた事例を紹介します。

⑨館石さん（仮名・50代女性）へのインタビュー

吉田「館石さんがエニアグラムに出合って良かったことは何ですか」
館石「生まれて初めて自分を好きになったことです」
吉田「今、お聞きした言葉には、重要な意味が込められているようですが、具体的にお聞きしていいですか」
館石「私は、両親や先生が言うような人間でありたい、と思う一方で、違う自分を感じていましたので、ギャップを感じていました。両親や先生が言うことに合わせている自分に違和感があったのです。二人の自分がいて、引き裂かれるような感じでした」
吉田「それは辛い日々でしたね」
館石「自分では我慢をしているつもりがなかったのですが、気づかずに抑えていたと思います。それが溜まって、怒りを爆発させてしまうことがありました。そんな自分がすごく嫌でした」

吉田「そんな状態がずっと続いていたのですか」

館石「はい、エニアグラムに出合うまで続いていました」

吉田「すると、エニアグラムに出合って、〝自分が嫌い〟から〝自分が好き〟に変わったわけですか」

館石「そうです」

吉田「そこを具体的にお聞きしていいですか」

館石「同じタイプの人と出会えたことが大きかったです。タイプ6は周りに合わせてしまうのですが、エニアグラムの勉強で出会ったタイプ6は、それを嫌だと感じていても、そういう自分を認めている人の集まりでした」

吉田「周りに合わせてしまうのは、タイプ6気質エネルギーの自動反応ですので、無意識に出てしまうわけですね。それに悩んでいたところ、そういう反応は自分だけでなくて、タイプ6に共通していることを発見したのですね」

館石「そうです。悩みを抱えていることをお互いに認め合う場でした。初めて自分を認めてもらえましたので、解放された気持ちになりました。こんな自分でいい、と自分を認めるきっかけになりましたので、悩む自分を抱きしめてあげたい感じでした。それがターニングポイントになり、自分を好きになり始めました」

吉田「悩んでいるのは自分だけではない、と分かるとほっとしますよね」

館石「そうですね。自分が生まれ変わったような感じがしました」

吉田「そうすると日常も変わったのではありませんか」

館石「いろいろなことが心配になる、小さなことも気になるのはタイプ6気質エネルギーの自動反応だと学びましたので、日常、それが出たときに気づいて、自分をコントロールすることができるようになりました。それまでは、反応すると、それに煩わされてストレスになっていましたので、すごく楽になりました」

吉田「大きな変化でしたね。話題を変えますが、**今回のインタビューの目的は、タイプの気質エネルギーによって授かった強み・持ち味を仕事の中でどう活かしてきたか、適材適所という視点から振り返っていただくことです。**タイプ6の場合、責任感の強さ、誠実さ、気配りが行き届くこと、縁の下で支える地味な役割を引き受けることなど、持味がいろいろありますけど、それがこれまでの仕事で活かされていましたか」

館石「最初の仕事は商社の貿易事務でした。20年以上この仕事でしたので、その中で、自分の持ち味を出せたと思うことをお話させてください。ひとつは、輸入業務を担当して、コストダウンに取り組んだときのことです」

吉田「どんな取り組みをされたのですか」

館石「関係先とwin-winになれる仕事のやり方を工夫しました。私が担当していた輸入商品は、国内で在庫を保管し、お客様から注文があると出荷していました。商社の仕事は荒っぽいところがありましたので、コストダウンは、メーカーに値下げを要求する、倉庫保管料の値下げを要求する、トラック運賃の値下げを要求するなどに走りがちでしたが、私はそういうやり方は嫌でした」

吉田「相手に反発されそうなことをするのは、タイプ6は嫌ですよね。それが仕事であったとしても」

館石「それはしたくなかったです。そこで、在庫を適切な量にして保管料を下げられる方法を考えました。そのために、お客様と緊密に連絡を取り合い、商品が必要になる時期と必要な量を的確に把握できるようにしました。その結果、品切れにならないギリギリのところまで在庫量を減らし、結果として保管料を節減できました。また、運送は、トラックの帰りの便に安く運んでもらうため、運送会社と連携できるようにした結果、運賃を下げることができました。どこかに負担を強いるのではなくて、皆が喜ぶ仕事のやり方が好きでした」

吉田「タイプ6の持ち味を発揮しておられたわけですね。他に印象に残っていることはありますか」

館石「輸出業務の担当に移った後、お客様の与信管理やカントリーリスクの管理は好きな仕事でした」

吉田「それはどうしてですか」

館石「リスクがどの程度が分からないと不安でしたので、リスクの程度を見極めて限度額を設定することに熱心でした。タイプ6らしかったと思います。お陰で、不良債権を抱えることもありませんでした」

吉田「タイプ6は心配の種がないと安心しますからね。その後、キャリアコンサルタントの資格を取得して、就労支援の仕事に変わりましたね。それはどうしてですか」

館石「ひとつは、人の助けになれる仕事をしたい気持ちが強くなったからです。貿易実務ではベテランになっていましたので、若い社員が知らないことや気づいていないことを教えてあげると、喜んでくれるし、感謝してくれる体験をしていました。それを通して、他者の支援をする仕事もいいな、と思い始めていました。もうひとつは、60歳以降が不安だったからです。就労支援は60歳を過ぎても続けられる仕事だと考えて選びました」

吉田「その仕事を現在も続けておられるわけですが、いかがですか」

館石「自分のタイプらしさを出せていると思います」

吉田「それはどんなところですか」

館石「私は、相談に来られる方に必要になるかもしれない、とあれこれの資料・情報を準備しておきます。例えば、応募書類の書き方とか、在宅勤務を希望する人のためのテレワークの資料とか」

吉田「いろいろなことを想定して備えておけるのはタイプ6らしいところですね。他に

　ご自身で気づいておられることはありますか」

館石「エニアグラムを学んでいますので、自分のタイプと同じタイプの方が相談に来られると、支援する上でとても役に立ちます」

吉田「どんなふうに役に立つのですか」

館石「タイプ６の特徴だと思うのですが、自己評価の低い方が多いです。そういう方の場合、自信を回復してもらえる面談を心がけています。すると、明るい顔で帰られます。なかなか決まらなかった就職が決まる方もいますので嬉しいです」

吉田「ご自身がタイプ６だったことも意味がありそうですね。今日は貴重なお話を聞かせていただきました。ありがとうございました」

タイプ7　楽天主義者の特徴

気質エネルギーの自動反応によって形成される**特性（タイプ）7**を表す象徴的な言葉は「**楽天主義者**」です。

①性格

- 明るい
- ひょうきんである
- 親しみやすい
- 辛いことから目をそらす
- 辛抱できない

②価値観

・何事も前向きに考えることが大切だ。

③長所・持味

・明るくて、社交的である
・楽天的で、こだわりがない
・お人好しで、人に好かれる
・活発で、行動的である
・早耳で、新しい情報に敏感である

④弱点・課題

・衝動的である
・長続きしない
・快楽に走り過ぎる

・目先しか見ない
・落ち着きがない

⑤リーダーとしての傾向
・常に明るい雰囲気を作る
・部下から見て、ネアカな上司像になる
・仕事だけでなく、楽しいことも計画する

⑥長所・持味を活かせる分野
・たくさんの人と会う機会がある職種・職場
・毎日のように新しいことが待ち受けている職種・職場
・明るい雰囲気を作り出すことが大切な職種・職場
・楽しい企画を考え、提案する業務を行っている職種・職場

⑦避けたい分野

・他者とのコミュニケーションが、一日中、ほとんどない職種・職場
・一日中、書類に目を通していなければならない職種・職場

⑧生き方

50代の美容室チェーンの社長（インタビュー当時）
（『人づきあいが９倍楽しくなる心理学』より一部を引用）

「理容に限界を感じて美容を始めてみると、売上が４～５倍になりました。これはおもしろい、すごいという印象でした。そして全面的に美容に転換しました。

ところが、これはいけると思って、後先を考えず、思いつくまま出店を増やしてしまい、壁にぶつかってしまいました。余りにも衝動的に過ぎたのです。

６～７年前までは、これをやりたい、あれをやりたいと、自分の興味や関心を優先させていました。そして、いろいろ手を出しては失敗していました。

エステ事業で失敗し、思い切って６店を撤退したときが転機でした。自分の興味・関

心にはしり、本当の意味でお客さまのことを考えていなかったことを思い知ったのです。それから本腰が入りました。

すべては、お客様を中心に据えて考える、本気でそれに取り組む、社長の本気を分かってもらうための新しいコミュニケーションの手段を採用する、というように変えてきました」

特徴

- 衝動的に、思いつきで動いてしまう
- つい調子に乗り、やり過ぎる

「美容の業界は一般に社員の定着率が低く、私のところも似たようなところがありましたが、ある時期からぐんと改善されました。私が社員に対して抱いている信頼感が変わったからだと思います。

信頼が生まれた背景は、コミュニケーションです。私は、自分の言いたいことを一方的に言うほうで、社員の声に耳を傾けていませんでした。それに気づいて、双方向のコミュニケーションができる方法を考えました。そして、それを辛抱強く続けてきました。最初は何も変化が起きなかったのです。３年続けても効果が現れませんでしたので、止めようかとずいぶん迷いました。しかし、続けている間に、社長は本気で聞いてくれると分かったのでしょう。本音でいろいろ言ってくるようになりました。こちらも本音で答えます。その結果、私の社員に対する信頼の気持が強くなってきました。今は、お互いに信頼し合える関係ができあがっています。本当に継続は力ですね」

特徴

・我慢すること、辛抱することは得意ではない
・聞くことは苦手である

「私は、興味を持ったものを我慢できないところがあり、やってみないと落ち着かないのです。何でも、他人より先に始めることが多いのですが、ひとつに集中して極めるこ

とは苦手です。

ゴルフや他のことも、私から手ほどきを受けた人のほうが上手くなってしまいます。私は、ちょっと味わってみて、味が分かると、次の興味に移ってしまうことが多いのです。世の中には、おもしろい種がたくさんありますからね。

私は、人でも、物事でも、信頼するのは早いですよ。何でも一度は信用します。疑いの目で見るようなことは少ないです。しかし、だめと分かったときに、見切るのは早いです。

私は、思い入れ、思い込みも激しいですから、社員のためと思って一生懸命に考え、いろいろ手をつくしてあげます。しかし、それが通じていないと分かったときには、嘘のように冷たくなってしまいます。顔も見たくないという感じです。

その変わり身の早さは、驚かれることがあります」

特徴

・新しいことにすぐ興味を持つが、飽きるのも早い

・すぐ人を信用するが、見切るのも早い

インタビューからは、我慢が苦手で、すぐ新しいことに飛びつきたくなる**タイプ7**の生き方が浮かび上がってきます。最後に、適材適所の視点から**タイプ7**の方にインタビューさせていただいた事例を紹介します。

⑨永井さん（仮名・60代男性）へのインタビュー

吉田「永井さんがエニアグラムに出合って良かったことは何ですか」

永井「なぜ自分はこんな気持ちや考えになってしまうのか、と疑問に思っていたことに答えが見つかったことです」

吉田「もう少し具体的にお聞きしていいですか」

永井「私は、楽しくないこと、ワクワクしないことにガマンできません。また、落ち着きがない自分、深く反省しない自分を責めていました。エニアグラムを学んだ結

果、その傾向は、生まれ持ったタイプ7気質エネルギーの働きから生じるもので、生涯、タイプ7の人間についてまわるものだと分かり、〝納得！〟という感じでした」

吉田「長年の疑問が解消したわけですね」

永井「そうです。私は手帳を眺めるのが好きです。この週末は何をしよう、今度の冬はどこにスキーに行こう、この月には同窓会をやろうなど、先の予定に思いを巡らせて、いつまでも手帳を眺めています。この時間が好きです」

吉田「タイプ7は、先の楽しいことを考えているとき、幸せを感じるのですね」

永井「そうです。ちょっとした時間があると、無意識に手帳を手に取り、眺めています。エニアグラムを学んでからは、それに気づくと、〝またやってる！〟と自分を微笑ましく感じるようになりました」

吉田「そういうご自身を受け入れている感じですね」

永井「他にも、私がどうしてなのかと疑問に思っていたことがありました。私は、ルーチンワーク、つまり決まったルールに従って繰り返す仕事が嫌だったのですが、それはタイプ7の特性だと分かって納得できました」

吉田「タイプ7は、新しい刺激がないと飽きてしまいますからね。そこでお聞きしたいのですが、エニアグラムに出合って長年の疑問が解消した結果、何か変わりましたか」

永井「自分が何かしようとするとき、タイプ7だからそう考えるのは当然だ、と納得感がありますので、迷い、不安、後悔はなくなりました」

吉田「生きやすくなったわけですね」

永井「もうひとつ、自分の弱点は、三日坊主で終わってしまうことです。これはタイプ7に共通する課題だと納得しましたので、この課題をクリアできるよう、あえて目標を立て、努力し続けることを意識的にやるようになりました。おかげでファイナンシャル・プランナーにチャレンジし、資格を取得できました」

吉田「ステキなチャレンジですね。ここまで、エニアグラムに出合った後の永井さんの変化をお聞きしましたが、話題を変えますね。**今回のインタビューの目的は、タイプの気質エネルギーによって授かった強み・持ち味を仕事の中でどう活かして**

きたか、適材適所という視点から振り返っていただくことです。これまでの仕事でタイプ7の持味は活かされていましたか」

永井「20歳代で印象に残っているのは、マーケティング部門での仕事です。まったく新しいコンセプトのカメラを発売するにあたって、商品のネーミングが議論されていました。世の中にない、全く新しい製品でしたので、議論は沸騰しました。私を含む若者チームが思いついた名称は「○○○ンです」。打合せ中のケンケンガクガクから生まれた名称で、意表をついた提案でした。結局、この名前が採用され、商品も爆発的に売れましたので嬉しかったです。その後、フラッシュ付き製品や贈答用パッケージ製品など、次々に当たって、残業続きで仕事は超ハードでしたが、新しいことを企画することが好きな私は、ワクワクしながら働いていましたので、まったく苦になりませんでした」

吉田「あの歴史的製品は、なんともユニークな名称だと思っていましたが、永井さんも関わっていたのですね。その後もマーケティングの仕事を続けられたのですか」

永井「いいえ、異動しました。30歳代で印象に残っているのは、工場の生産管理の仕事です。なにしろ、毎月、同じ作業を繰り返すルーチンワークが多くて、すぐに飽きてしまい、モチベーションが下がりました」

吉田「ルーチンワークは苦手ですね」

永井「そうですね。そこで、この仕事を何とかおもしろくできないかと考えて、生産期間を半減させる生産リードタイム短縮プロジェクトを提案しました。それが承認されましたので、リーダーとして取り組みました。自分のアイデアを盛り込んだ新しい生産システムに取り組む仕事でしたので、仕事が楽しくなってきました。ところが、検討事項を製造現場で実現するには課題も多くて、面倒な作業を強いられることになりました。結局、一部の仕事は自分の部下に押し付けてしまいました。エニアグラムを学んで、苦しくなると逃げ出したくなる、自分のタイプ7らしさを実感しました。

吉田「自分のモチベーションが上がるとき、下がるとき、両方を経験されたわけですね」

永井「そうです。40歳代には、人事部人材開発グループで、社員研修の企画・実施を担当しました。新人研修の新規プログラム導入、新しい階層別研修体系の構築、新キャリア研修など、新しい研修を自分で企画・実施し、参加者に喜ばれ、経営層の期待にも応えるという仕事でしたので、楽しくてやりがいもありました」

吉田「新しいことに取り組んでいるときは活き活きしていたわけですね」

永井「ただ、新しい研修も、同じ研修プログラムの繰り返しになると、ワクワク感がなくなってしまいますので、その研修は別の人に任せて、自分は新しい研修企画に取り組んでいました。本当にタイプ7的でしたね」

吉田「そう気づかれてどうですか」

永井「タイプ7人生の縮図を見ているようで、自分でも驚きます」

吉田「その後の仕事ではどうでしたか」

永井「50歳代では、R&D生産技術本部での仕事が印象に残っています。エンジニアリング関係の新会社を立上げるプロジェクトのリーダーに任命されました。新しい会社、新しい仕組みを作るプロセスは楽しかったです。しかし納期が迫ってやることが山積みになり、追い込まれると、自分の案がベストだと、メンバーに自分の意見を押し付け、細かい指示を出していましたので、職場が険悪な雰囲気になってしまいました」

吉田「タイプ7のネガティヴな面が出てしまったわけですね」

永井「本当に、エニアグラムの教科書のようで、自分でもあきれてしまいますが、タイプ7の本質は変わらないのですね」

吉田「その後、会社をお辞めになったのですね」

永井「はい、60歳で定年でしたが、再雇用で会社に残るのは何となく違う感じがしました。そこで、会社から定年後の打診があったとき、再雇用に手を挙げませんでした。定年後も会社に縛られるのは嫌でしたし、同じ仕事の繰り返しは楽しくなさそうという直感でした」

吉田「それで今はどうされているのですか」

永井「友人から協力を依頼されて、県からの委託事業《ダイバーシティ経営推進》のアドバイザーとして、県下の中小企業を回っています。法律関係のこともからみますので、決して得意な仕事ではありませんが、新しい仕事を自分の成長の機会と考えて、セミナーや書籍で新しい知識を吸収しながら、前向きに取り組んでいます。楽しいですよ。そう言えば、若い時から好きだった言葉〝日に新たに、日々に新たなり〟も、今思えばタイプ7の影響だったのですね」

吉田「永井さんの、タイプ7的人生をお聞きして、気質エネルギーが不変であることを再認識しました。タイプ7の弱点・課題にも取り組んでこられて幅が広がり、永井さんの人生が豊かになっていることを実感できました。ありがとうございました」

タイプ8　パワー主義者の特徴

気質エネルギーの自動反応によって形成される**特性（タイプ）８**を表す象徴的な言葉は**「パワー主義者」**です。

①性格

- プレッシャーに強い
- 逆境で燃える
- 正義感が強い
- 猪突猛進する
- 怒りを爆発させる

②価値観

・妥協せず、己の信念を貫くことが大切だ。

③長所・持味

・チャレンジ精神が旺盛である
・裏表がない
・感情を引きずらない
・直感が鋭い
・決断が早い

④弱点・課題

・強引である
・他人の話しを聞かない
・人と衝突しやすい

・独断的である
・守りが苦手である

⑤リーダーとしての傾向

・必要なことだけ簡潔に指示し、後はすべてまかせる
・部下から見て、頼りになる上司像になる
・怒ってもその場だけで済ます

⑥長所・持味を活かせる分野

・救急医療現場のように瞬時の判断が求められる職種・職場
・新事業のように新たに道を切り開く必要がある職種・職場
・工事現場のように号令で人を動かす必要がある職種・職場
・権限と責任が明確で、裁量できる範囲が広い業務を行っている職種・職場

⑦避けたい分野

・逐一、他者の指示を受けながら仕事を進めなければならない職種・職場
・チームプレーが特に重要視される職種・職場

⑧生き方

50代のコンサルタント（インタビュー当時）

（『人づきあいが9倍楽しくなる心理学』より一部を引用）

「入社して9年目に、卸専業だった会社が、大型量販店（スーパー）に進出することになりました。

私は、小売業も含めた流通業全般についていろいろ勉強していましたので、スーパーを多店舗展開する新しい事業担当の任務を与えられました。ただし、本業である卸しの商売に影響が出ると困りますので、本業の商圏外でやることになり、土地勘も人脈もまったくないところに進出したのです。

まったくゼロからのスタートで、困難が予想されましたが、長年勉強してきたことを

実践できると思うと、心配するより、むしろわくわくしました。

一号店を作るにあたり、現地に市場調査に行って、役員会に報告したときのことは、今でも鮮明に記憶しています。結論として売上をいくら見込めるかという質問に、年商10億円と答えたのです。

本業が売上40数億円の頃でしたから、一店で10億円と聞いて、何を血迷っているかと誰も信じませんでした。問題外という扱いで、役員会から退席させられました。

しかし、私には絶対できるという確信があったのです。一号店開店と同時に私は一号店を離れ、ただちに二号店建設にとりかかりましたが、10億円を達成しそうだと一号店から連絡を受けたときには嬉しかったですね。それ以降も、店舗建設に着手する前に予測した売上は、ほとんど狂ったことがありません」

特徴

・困難の大きい、挑戦的な仕事ほど燃える
・直感が鋭い

「この仕事をしていた頃、自分の考えに間違いはないという過剰な自信を持っていました。ですから、やり方が強引になったり、他人を傷つけることもありました。

これは私が役員になってからの役員会でのことですが、ある店舗の改装が必要になり、担当役員から改装案が出されたとき、私は反対しました。その改装案では上手くいくはずがないという確信があったからです。

社長や他の役員が支持したこともあって、担当役員はその案に拘りました。そこで私は、失敗したら責任をとるか、と迫りました。

責任をとるとはどういうことか、と問い返してきましたので、辞めるか、不利益な扱いを受けるか二つに一つだ、と答えました。激しく人と衝突していましたが、妥協はできませんでした。

この改装は結局失敗に終わりましたが、担当役員は辞めていません。こういうのは潔くないですね」

特徴

・人と衝突することをいとわない
・白か黒かで、中間のグレーはない

「仕事は激務でしたが、馬力がありましたね。一年間365日のうち、休むのは元旦の午前中だけでした。

これほど熱中する自分を動かしていたのは、勝つぞという思いでした。開店まで7年を要した難しい案件のときにも、その交渉に出かけるとき、今日は負けないぞという気持で先方に向かったことを憶えています。

激しい生き方でしたが、嘘はつきませんでした。この点は、仕事を通して誇りに思えることです」

特徴

・勝ち負けに拘る
・常に直球で勝負する

インタビューからは、何事にも、真正面から全力でぶつかってゆく**タイプ8**の生き方が浮かび上がってきます。最後に、適材適所の視点から**タイプ8**の方にインタビューさせていただいた事例を紹介します。

⑨山川さん（仮名・50代男性）へのインタビュー

吉田「山川さんがエニアグラムに出合って良かったことは何ですか」
山川「自己分析というか、自分を振り返ることができるようになったことです」
吉田「そうなったことで何かいいことがありますか」
山川「リアルタイムで軌道修正できるようになりました。例えば、強く言い過ぎたと気づくと、それをすぐフォローできるようになりました」
吉田「エニアグラムに出合う前はそうではなかったのですね」
山川「はい。自分を過信していましたので」
吉田「自分に強い自信を持っているのはタイプ8らしいところですね。エニアグラムを学んで、過信していることに気づいたのですか」

山川「そうです。自分の傲慢さに気づきました」

吉田「それがタイプ8の課題だと納得できたわけですね」

山川「はい。私は小さい頃から〝義〟に生きる人間だという自負がありました。〝正義は我にあり〟と思い込んでいましたので、自分の言動の正しさを疑いませんでした」

吉田「それを傲慢と表現されたわけですね。そういうご自身を軌道修正できるようになったというのは、謙虚になったということですか」

山川「そんな感じです」

吉田「そうすると、他者との関係性が変化しそうですが、その点はどうですか」

山川「自覚はないのですが、昔からの友人に久し振りに会うと、私のことを〝変わった〟と言いますので嬉しいです」

吉田「昔の山川さんを知っている人は、山川さんの変化が分かるわけですね。エニアグラムが役に立ちましたね。他にもエニアグラムに出合って良かったことはありますか」

山川「自分が苦手だと思っていた人たちを理解できるようになりましたので、その人たちとの距離が縮まりました。関わり方がわかるようになりました。とてもありがたいです」

吉田「タイプが違うと、別の人種のように感じますね。その違いを踏まえて他者とコミュニケーションすることはとても大切です」

山川「そうですね」

吉田「話題を変えていいですか。**今回のインタビューの目的は、タイプの気質エネルギーによって授かった強み・持ち味を仕事の中でどう活かしてきたか、適材適所という視点から振り返っていただくことです。**これまでの仕事でタイプ8の持味は活かされていましたか」

山川「新卒でオーディオメーカーに入社したのですが、1年後、事業縮小のあおりを受けて退職しましたので、改めて社会人向け教育関連ビジネスの会社に入社しました。情報システム開発部門で仕事を始めて間もなく、上司が職場で倒れてしまいました。職場の女性社員はオロオロするばかりでしたので、新人の私が救急車を呼び、倒れた上司を背負って3階から1階まで階段を下り、一緒に救急車に乗って病院まで行きました。入社間もなくのことでしたので、印象に残っています」

吉田「迅速な行動がタイプ8らしいですね」

山川「ところが、上司の症状は深刻で、職場復帰ができませんでしたので、経験の浅い私が代役を務めることになってしまいました。仕事が山積みでしたので、職場に寝袋を持ち込んで、24時間フル稼働するという大変な状況でした。気力だけで頑張っていましたが、よく過労死しなかったなと思います」

吉田「心身ともにタフなタイプ8らしい働き方でしたね。それがずっと続いたのですか」

山川「結局、上司は復帰できず、システム開発業務を社内に抱えておくのは難しいと判断した会社が外部委託をすると決めましたので、システム開発の仕事を続けたかった私は、30歳で退職を選びました」

吉田「そして、次の職場に転身されたわけですね」

山川「そうです。転職先は役所の外郭団体で、システム開発部門の仕事でした」

吉田「そこではどうでしたか」

山川「楽しかった思い出と苦い思い出、どちらもありました」
吉田「具体的にお聞きしていいですか」
山川「楽しい思い出は、業務改革プロジェクトに関わったことです。組織の停滞を刷新するため、部門を横断するプロジェクトチームが結成され、情報システム部から私が抜擢されました。私は主任でしたが、係長や課長を差し置いてプロジェクトのメンバーに任命されましたので驚きましたが、不安はなかったです」
吉田「未知へのチャレンジはタイプ8にピッタリですね」
山川「通常業務と兼務でしたので負担は増えましたが、プロジェクトの仕事のときはワクワクしていました。自部門では、改善策を提案しても通らなかったのですが、プロジェクトでは自分の意見が通って、私が懸案と思っていたことも解決できました。嬉しかったですね」
吉田「改革の場面でこそ、タイプ8は持味を出せますからね」
山川「苦い思い出もありますよ。システム開発部門は、現場や間接部門から依頼を受けて新規開発や保守・運用をしていたのですが、私の上司の課長は、自分の好みで業務を行う傾向がありました。不満を募らせた現場や間接部門は、課長を無視して、係長だった私に直接不満を訴えてくるケースが増えていました。私自身、何度か課長に問題提起しましたが、改善される兆しがありませんでしたので、〝課長を変えてほしい〟と部長に直訴しました。部長は怒りましたね。危うく私の首が飛ぶところでした」

吉田「相手が上位者であっても、言うべきことは言う。タイプ8ですね。この仕事はいつまで続いたのですか」

山川「個人的な事情がありまして、40歳直前に退職しました。当時、対人支援にも興味を持ち始めていましたので、キャリアカウンセラーの資格を取得しました。その後、ＩＴ企業の技術者の支援をする求人があり、ＳＥの経験とカウンセラーのスキルを活かせる私の希望通りの仕事でしたので、転職しました」

吉田「ピッタリの求人でしたね。その仕事はどうでしたか」

山川「高いモチベーションで取り組むことができました。部長として、ピーク時、３００人の技術者のケアをしていました」

吉田「300人ですか！」

山川「私が、日々、直接ケアできる人数ではありませんので、数名のマネージャーを置き、マネージャーを通して技術者の状況を把握する仕組みにしました。技術者が気持ち良く働けるよう支援するのがマネージャーの役割なのですが、技術者を管理する立場だと勘違いするネージャーもいましたので、そういうマネージャーには厳しかったですよ。〝義〟に燃えますので、勘違いを正さねばと思ってしまうのです」

吉田「タイプ8らしさが全開だったわけですね」

山川「そうですね。結果として、私を信頼してついてくるマネージャーと、私に反発するマネージャーに分かれてしまいました。今、振り返ってみると、マネージャーのタイプを考慮しながら関わるべきだったと反省しています」

吉田「エニアグラムを活用できたはずだということですね」

山川「未熟でしたね。既にエニアグラムを学んでいたのに活用できていなかったのです。でもいい勉強になりました」

吉田「その仕事はいつまで続いたのですか」

山川「50歳前に希望退職しました。この仕事では、技術者のヒューマンスキル向上のため、研修を通して教育・指導する役割も任されていましたので、非常にやりがいはあったのですが、技術者以外の多種多様な職種の方と直接面談して支援するカウンセリングの仕事をしたいという思いが募ったからです。辞めてからはフリーランスで仕事をしています」

吉田「フリーランスはどうですか」

山川「すべて自分で決めて、自分が行う、究極の自己責任ですので、気持ちはとても前向きです。収入が不安定という面はありますが、いろいろな方のご縁のお陰で、仕事をさせていただいています。」

吉田「今の言葉に、山川さんの謙虚さが滲み出ていますね。人間として、成熟の道を歩まれている山川さんはとても魅力的です。今日は貴重なお話を聞かせていただきました。ありがとうございました」

タイプ9　平和主義者の特徴

気質エネルギーの自動反応によって形成される**特性（タイプ）9**を表す象徴的な言葉は**「平和主義者」**です。

①性格

- 大きな包容力がある
- 落ち着いている
- 受け身である
- テンポがゆっくりしている
- 腰が重い

②価値観

・起きてくる状況は受け入れることが大切だ。

③長所・持味

・穏やかである
・他者を受容できる
・物事に動じない
・他者の話しを聞ける
・我慢強い

④弱点・課題

・意思を明確に表さない
・タイミングが遅れる
・他者に順応し過ぎる

・惰性に陥りやすい
・無言で抵抗する

⑤リーダーとしての傾向

・おおらかに見守り、せかしたりしない。
・部下から見て、包容力のある上司像になる。
・部下が嫌がることは強制しない。

⑥長所・持味を活かせる分野

・同じような処理が、日々、続くような職種・職場
・ネガティヴな感情を抱えている人を相手にしなければならない職種・職場
・丁寧に聞くことがなによりも大切な職種・職場
・仕事のペースを自分でコントロールできる職種・職場

⑦避けたい分野

・目まぐるしく変化する状況に対処しなければならない職種・職場
・出版など、締め切りに追われることが多い職種・職場

⑧生き方

50代のビジネスパーソン（インタビュー当時）

（『人づきあいが9倍楽しくなる心理学』より一部を引用）

「私が入社した会社の欠点は、理屈が通るか、弁が立つかで人を見て、人間を見ていないことでした。プレゼンテーションが格好良ければ評価され、結果責任を問われないのです。そういう意味で、役員が出席する会議の雰囲気は嫌いでした。

皆、ここぞとばかり自分を主張するので、熱くなっていましたが、私は、会社存亡の危機だ、お家の一大事だとおおげさに感じるほうではありませんし、他の人より話しのペースがゆっくりです。そうすると、私には真剣さが足りないと叱責されるのです。

私は、ペースはゆっくりですが、何が大事かは分かるつもりです。深刻な顔をして、

喧嘩腰で議論しても、いいものは出てきませんよ。」

特徴

- 感情をあらわにしない
- テンポがゆったりしている

「私が、ある地域販社に社長として出向したときには、私の顔色を見ている人が多くて驚きました。私には、支配する、命令するというスタイルはなじみませんので、最初はとまどいました。でも、私が裏表のない人間だということを、次第に分かってもらえるようになりました。私は、自分を飾ったり、偉そうに見せたりすることはできませんので、普段着でつきあうしかないのです。

変えたほうがいいなと感じたことでも、焦りませんでした。この役員は問題だなと思っても、急いでやると、占領軍になってしまいますので、じっくり時間をかけ、指示、命令でやらせるより、気づかせるようにしました。

また、短期的にはマイナスのようでも、長い目でプラスになるほうを選びました。短期的に業績を上げようとして、脅したり、圧力をかけても、長くは続きませんからね」

特徴

- 支配や命令というスタイルを嫌う
- 時間をかけてじっくり取り組む

「私は、若い頃、大器晩成型だと頻繁に言われていました。

その頃、この言葉は、私にとって心地良いものではありませんでした。能力がまだ足りない、認められる実力がまだついていないと、叱責される言葉に聞こえていました。

嫌な言葉でしたが、今になると、この言葉のおかげで自分が奮い立っていたことに気づきました。良い励ましになっていました。

私の人生は、一言で表わすと、可もなく不可もなしです。必死になる、焦るという感覚は良く分からないのです。

望みがないわけではありませんが、かといって現状に満足していないわけではありません。損した、失敗したという感覚はありません。
あのときこうしていればとは考えませんね。あまり波風もなく、穏やかな人生ですよ。お陰様で人に恵まれましたからね」

特徴

- **大器晩成型の人生を歩む**
- **穏やかで、波風を立てない**

インタビューからは、ゆったりしたペースで、じっくり時間をかける**タイプ9**の生き方が浮かび上がってきます。最後に、適材適所の視点から**タイプ9**の方にインタビューさせていただいた事例を紹介します。

⑨元橋さん（仮名・50代男性）へのインタビュー

吉田「元橋さんがエニアグラムに出合って良かったことは何ですか」

元橋「自分を責めなくなりました」

吉田「それはどういうことですか」

元橋「エニアグラムの勉強では、同じタイプの人が集まってグループで話し合いをしますよね。その話し合いを通して分かったのですが、私が自分でダメだと感じていたことを、同じタイプの人は、同じように感じていました。これは本当に驚きでした。自分だけじゃないと分かって、救われた気持ちでした」

吉田「同じ気質エネルギーだと、同じような感じ方、同じような考え方をするようになりますからね」

元橋「それは、エニアグラムを勉強したから分かることですね。自分だけではないと分かってから、自分を責めなくなりました」

吉田「それは大きな変化ですね。ところで、ご自身でダメだと思っていたところを具体的にお聞きしていいですか」

元橋「私は、自分のことを、頭が悪い人間だと思っていました。会議で2つの異なる案が出て、どちらがいいかと訊かれても決められませんでした。自分の意見を積極的に言いなさいと注意を受けていたのですが、どちらも捨てがたくて、意見を言えなかったのです。どうして自分はこうなのかと落ち込んでいました」

吉田「異なる意見を包み込むように受け入れることができるのはタイプ9らしさですが、それを否定的に感じていたわけですね」

元橋「そうです。そんな気持ちを抱えていましたので、タイプ9が、なかなか決められないことで悩んでいる人の集まりだと分かったときに驚いたのです」

吉田「エニアグラムの勉強で同じタイプの人と出会うと、よく似ているので驚くことが多いですね。他に、似ているところはありましたか」

元橋「納期ギリギリにならないと着手できないことも似ていました」

吉田「なかなか腰を上げられないところですね」

元橋「締め切りのある仕事が目の前にあって、他にやることはないのに、取りかかれませんでした。やろうという気持にならないのです。机に座ってもため息が出るばかりでした。仕事が手に着かないと、机のまわりをうろうろするので、同僚の女性があきれていました」

吉田「でも、最終的に納期には間に合うのですね」

元橋「ここで着手しないと間に合わない、そのギリギリのタイミングになると気持ちが乗ってきますので、全力で取り組んで締め切りに間に合わせていました。こんなことを繰り返していましたので、なんでもっと早く取りかかれないのかと自分を責めていました」

吉田「この点もタイプ9に共通しているところですね」

元橋「そうだと分かったときは、ほっとしました。自分を責めなくなりました」

吉田「そうすると日常が変わりませんでしたか」

元橋「楽になりました。でも、一方では、決められないこと、納期ギリギリになることは、自分がタイプ9だからだ、と開き直って、言い訳に使ってしまうマイナス面も出てしまいました。これはだめだと気づいて、タイプ9の課題にどう対応する

　　かを考え始めたのは、エニアグラムを学び始めて1年以上経ってからでした」
吉田「タイプのマイナス面に気づき、それを課題であるととらえ、対処方法を考えて身に
　　つけるのも、広い意味でエニアグラム学習ですね」
元橋「そうだと思います。エニアグラムがきっかけで、自分の可能性を広げることがで
　　きました」
吉田「話題を変えます。**今回のインタビューの目的は、タイプの気質エネルギーによっ
　　て授かった強み・持ち味を仕事の中でどう活かしてきたか、適材適所という視点
　　から振り返っていただくことです。**これまでの仕事をお聞きしていいですか」
元橋「最初の仕事は就職情報誌の編集の担当でした」
吉田「その仕事はどうでしたか」
元橋「楽しかったです。コツコツ作業を積み上げて誌面を作っていくのですが、その作
　　業は苦になりませんでした」
吉田「タイプ9は地道な作業に強いですよね」
元橋「雑誌ですから締め切りがあって、夜遅くまで仕事をして終電で帰ることも多かっ

たのですが、それも苦ではありませんでした」
吉田「体力に自信があるのもタイプ9の強みですね。この仕事は何年くらい続いたのですか」
元橋「3年間やりました。その後は営業に異動になりました」
吉田「営業部門ではどうでしたか」
元橋「人と話をするのは楽しかったですね。1日に3社から5社を訪問して、人事担当者と1時間ほど話をする日常でしたが、成果も上がりましたので楽しかったです」
吉田「タイプ9は、相手の話しを聞くことが得意ですから、営業で持味を出せたわけですね」
元橋「ところが、経理の人が病気になって、私がその仕事を命じられたときは苦痛でした。細かい数字を扱うのは苦手でした」
吉田「細かい数字を扱う仕事は自分に向いていないと感じたわけですね」
元橋「なかなか計算が合わなくて、悪戦苦闘しました。結局、顧問の公認会計士の先生からダメ出しされて2年後に営業に戻りました。そして、会社が清算されるまで営業の仕事を続けました」

吉田「会社が無くなってしまったのですか」

元橋「先の見通しは明るくない、今なら迷惑をかけずに会社をたためる、とオーナー社長が決断しましたので、致し方ありませんでした。私は、得意先を90社くらい担当していましたが、1社ずつお客様を訪ねて事情を説明し、頭を下げて、すべて円満に了承していただきました。私の同僚は、お客様とトラブルになっていましたので、その役割も自分らしかったのかなと思います」

吉田「元橋さんは、お客様と信頼関係が出来ていたわけですね。長い付き合いをするお客様との関係づくりには、タイプ9の〝話を聞ける〟という持味が活きそうですね。その後はどうされたのですか」

元橋「再就職や転職で相談に来る方を支援する仕事に就きました。それは、現在も続いています」

吉田「その仕事はどうですか」

元橋「天職のように感じています」

吉田「なぜ天職だと思われるのですか」

元橋「私は、他人の話を聞くのが苦痛ではありません。相談に来られる方の話をよく聞きますので、安心してくれるようです。そうすると、私が提案することも聞いてくれますので、再就職や転職に成功することが多いのです。そういう人はとても喜んでくれますので、私もやりがいを感じます」

吉田「タイプ9の持味を活かしておられますね」

元橋「就労支援の仕事に就いた頃、エニアグラムを学び始めていましたので、相談者がどのタイプか分ると、そのタイプを想定したコミュニケーションをすることができました。これは、私がタイプ9だからということではありませんが、面談で、とても助かっています」

吉田「エニアグラムが仕事の場でも役に立っているわけですね。今日は、元橋さんの貴重な体験をお聞きすることができました。ありがとうございました」

第３章
「システナ」の
経営者インタビュー

経営者インタビュー①
Y上席執行役員（タイプ1）

吉田「エニアグラムの研修を受けて、Yさんは何か得るものがありましたか？」

Yさん「人の本質は変わらない、変われないということが分かったことですね」

吉田「エニアグラムの根底にある人間観ですね」

Yさん「部下には、私の指示通りにしてもらいたいというより、私と同じように考え、同じような動きをしてもらいたい、と思っていたのです。ところが、研修で、タイプによる違いを嫌というほど見せられましたので、私が期待していたことはしょせん無理な話だ、と理解というより、納得、実感できました」

吉田「タイプが違うとこんなに違うのか、と受講者は衝撃を受けますね。知識として学ぶのではなくて、実体験しますので、身体に刻み込まれる感じです。私が初めてエニアグラムに出合ったときがそうでした。Yさんは、部下との関係で何か変化があリましたか？」

Yさん「私の場合、部下との関係でストレスを感じることが多かったのですが、人には根本的な違いがあり、その根本の部分は変わらない、と納得できましたのでストレスが軽くなりました」

吉田「エニアグラムを知らないと、部下を持つ上司は、自分の価値観、自分の考え方で部下が動くことを期待してしまいますからね」

Yさん「部下は思い通りにならない。そこが分かったことは私にとって大きかったです。そこからくるストレスは結構大きかったですから」

吉田「対人関係に起因するメンタル不調が増えていますからね」

Yさん「研修を受けた直後は、各タイプの理解も十分ではありませんでしたし、部下のタイプ判別にも確信を持てなかったのですが、少なくとも、部下は自分とは違う、自分の考え方や価値観とは違うということを意識しましたので、部下との関係は変化したと思います」

吉田「エニアグラムが人材活用に役立つという点ではどうでしょうか？　適材適所に役

立つかどうかということですが」
Yさん「当社は、まず役割、ミッションが先にあり、それを誰が担当すると最高のパフォーマンスをあげられるか、と考えて担当を決めていました。創業以来の会長の考えですが、適材適所ですね。ところが主観で担当を決めるものですから、当たる場合もありますが、はずれることもあるわけです」
吉田「それぞれの部署で最高のパフォーマンスを出すために適任者を選んできたものの、はずれの場合もあったということですね」
Yさん「そうなんです。そこにエニアグラムが導入されましたので、適材適所経営にぴったりのツールを得たということでしょうか。会長は会社でいちばんのエニアグラム理解者ですので、鬼に金棒という感じでしたね」
吉田「会長が、わが社はエニアグラムで成長した、と言っておられるのは、こういうことだったのですね」
Yさん「エニアグラムは間違いなく大きかったと思います。でも、すべて上手くいったというわけではなくて、失敗もしながら、人の活かし方が分かってきた感じです」

吉田「そこをもう少しお聞きしていいですか？」

Yさん「例えばタイプ8の起用についてです。パワフルなタイプ8は、道なきところに道を切り開く役割、ゼロから城を築く役割にピッタリですね。その起用がズバリ当たって、城はできたのですが、あるところまでくるとイエスマンを周りに集め、そうでない部下は退け、自分の城を守ることに熱心になって、会社の期待からかけ離れてしまいました」

吉田「開拓者にふさわしいタイプ8のマイナス面が出て、独裁傾向を強めてしまったわけですね」

Yさん「結局その人は組織のトップをはずれました。この経験から学びましたね。タイプ8は野に放って目が届かないのはダメだ。自由であっていいけど、いつでも手綱をさばけるようにしておく必要があると」

吉田「タイプの持味を発揮してもらうと同時に、各タイプの弱点には注意を払っておく必要があるということですね」

Yさん「そうですね。タイプ1の私は完璧でありたい傾向が出てしまいますので、いまでも会長から注意を受けますよ。タイプの根源は変わりませんね。変われないと言ったほうがいいのかな」

吉田「適材適所にエニアグラムを活用すると間違いなく効果がある。ただし、各タイプの持ち味を活かすだけではなくて弱点のケアも必要だということですね。興味深いお話をうかがうことができました、ありがとうございました」

経営者インタビュー②

K取締役（タイプ2）

吉田「エニアグラムの研修を受けたとき、Kさんはどんなことを感じましたか？」

Kさん「衝撃でしたね。自分がやってきたことで、上手くいったこと、上手くいかなかったことすべてがエニアグラムで理解できたんです。

あの人と上手くいかなかったのは、あの人が○○タイプなのに、私がこんな対応をしてしまったからだとか、理由が分かりましたので、本当に衝撃を受けました」

吉田「対人関係の行き違いは、多くの場合、エニアグラムで説明できますよね」

Kさん「相手を受け容れられなかったのですね。エニアグラムを知らなかったので、相手の発言や行動の理由が分からなかったからです」

吉田「私のエニアグラム体験と似ていますね。私の場合、エニアグラムに出合えなかったら、部下を一人ダメにしていたと思います」

Kさん「研修を受けた当時、私は、現場でチームリーダーをしていましたので、エニアグラムをフルに活用しました」

吉田「どんなふうに活用されたのですか？」

Kさん「部下のタイプを推測して、そのタイプに合った言葉をかけたり、そのタイプに合った役割を与えるように心がけるようにしていました。また、部下に腹を立てることも少なくなりましたので、ものすごくチームワークが良くなっていきました。それが仕事の成果につながっていきました」

吉田「エニアグラムのタイプ別に、部下への対応を変えたわけですね」

Kさん「そうです。嬉しいことに、成果も上がり、エニアグラムの素晴らしさを確信できましたので、その後、私が担当するチームでは、どんなことで喜びを感じ、どんなことで不愉快になり、何が得意で、何が苦手かなど、研修のときに配布していただいたレジュメを参考にしながら、部下一人ひとりのことを考えてきました。お陰様で、担当するプロジェクトは次々と成功しました」

吉田「エニアグラムを活用して、部下が気持ちよく働けるマネジメントを行い、成果を上げてこられたということですね」

Kさん「その後、マネジャーになって、部下の数は増えてきましたが、タイプを考慮しながらチーム編成をしました。新規プロジェクトを立ち上げるとき、リーダーを決めないといけないわけですが、エニアグラムを活用して、このプロジェクトにはこのリーダー、こちらのプロジェクトにはこのリーダー、とやっていました」

吉田「プロジェクトの性格を考慮してリーダーを決めていたわけですね。タイプ別にリーダーシップ・スタイルが違いますからね」

Kさん「そうですよね。このお客様とこういう折衝をしないといけないリーダーはこのタイプ、地道にコツコツ作ってゆく仕事だからこのタイプ、とタイプの適性でマッチングを考えていましたね」

吉田「まさに適材適所ですね」

Kさん「部下のことだけでなく、タイプ2の私に欠けているところを補ってくれるタイプに、近くにいてもらいました」

吉田「ご自身のことも含めて、徹底してエニアグラムを活用されたのですね」

Kさん「バランスを重視しました。よほど特殊な仕事でない限り、チームにいろいろなタイプがいると相乗効果が出ることも分かってきましたので、タイプが偏らないように注意してチーム編成をしていました」

吉田「バランスがとれているときと偏ったときで、違いを感じたことはありましたか？」

Kさん「偏るとお客様からクレームを受けることがありましたが、そのクレームの内容はタイプが苦手にしていることでしたね」

吉田「具体例はありますか？」

Kさん「例えばタイプ9に偏ったチームのときは、もう少し納期をシビアーに考えてもらえませんか。タイプ4に偏ったときは、もう少しチームワーク良くできませんか。タイプ1に偏ったときは、もう少し融通をきかせてもらえませんか。こんなふうにお客様から言われることがありましたね」

吉田「タイプが偏るときの弊害ですね」

Kさん「そんなときは、リーダーをお客様のご要望に応えられるタイプに代えたり、もしくはリーダーを補完できるタイプのサブリーダーを配置していました」

吉田「エニアグラムを学んでいたからできたことですね」

Ｋさん「当社の場合、お客様の近くで仕事をすることが多いものですから、この点は特に気をつかいました。お客様に指摘されて試行錯誤する中で、エニアグラムの学びが深まりましたね」

吉田「本当に生きたエニアグラム学習ですね。エニアグラムの知識を現場で活用することで、知恵にまで深めてこられたわけですね」

Ｋさん「いや、私はまだまだです。会長は、私よりはるかに上です。このタイプにこの仕事をさせたらダメだろう、エニアグラムを分かっていないな、と今でも会長に言われることがありますからね」

吉田「そうですか。ところで、その後、部長、事業本部長、管理本部長、そして役員と役割が変わってきたわけですが、その中で、エニアグラムに助けられたと実感したエピソードはありましたか？」

Ｋさん「エニアグラムが空気のように当たり前になってしまいましたので、ひとつだけ上げるのは難しいですね」

吉田「エニアグラムが日常化されたということですね」

Kさん「そうですね。ひとつだけ、私が、退職者面接を行う役割をしていたときのことを思い出しました。多くは、ネガティブな感情を抱えて会社での最後での面接にくるのですが、そんなときも、私は共感的に話しを聴けるわけです」

吉田「タイプ2の強みですね」

Kさん「そうすると心を開いて本音の話しをしてくれます。そのときに、このタイプの人にこの仕事をさせたらダメだなあ、このタイプの人にそのセリフを言ってしまうと傷つくなあ、と学ぶことも多かったですね。二度と同じ過ちを繰り返さないように、その学びは社内にフィードバックしました」

吉田「話しをうかがっていると、本当にエニアグラムを仕事で活かしてこられたことを感じます。少し視点を変えて、エニアグラムがKさん自身にとってどうだったでしょうか?」

Kさん「若い頃の私は、タイプ2がもろに出てしまって、喜怒哀楽が激しかったのです。なんだ、その考え方は?　なんだ、そのやり方は?　と相手に感情をぶつけて喧嘩してしまうことも多かったのです」

吉田「喧嘩ですか」

Kさん「本当に感情むき出しで、嬉しければ大はしゃぎし、悲しければ人前でも泣き、怒るときには烈火のごとく怒って、好きな部下は可愛がり、困っている部下がいるとほっとけない。タイプ2が、それもタイプ2の問題・弱点が出まくっていましたね」

吉田「今のKさんからは想像できないですね」

Kさん「若かったですからね。でも、エニアグラムに出合えたことで、喧嘩する必要はなかった、感情的になることはなかった、お互いに相手を理解して、違いを認め合えばいいだけのことだ、と納得できました」

吉田「まさに、エニアグラム使用前、使用後ということですね」

Kさん「そうですね。エニアグラムは自分が変わるきっかけでした」

吉田「Kさんからタイプ2らしい温かみは伝わってきますが、感情はコントロールされていて、穏やかな感じを受けます。エニアグラムが、タイプ2であるKさんの成長の助けになったということですね」
Kさん「そうです。本当に感謝しています」
吉田「いろいろ貴重なお話しを聞かせていただいて、本当にありがとうございました」

経営者インタビュー③
F専務取締役（タイプ7）

吉田「随分前のことになりますが、初めてエニアグラム研修を受けたときどうでしたか？」

Fさん「タイプ7のグループでワークをしていると本当に楽しかったですね」

吉田「タイプ7のグループ・ワークは、会社倒産のような厳しい状況を想定したテーマのときでも、笑いがいっぱいですね」

Fさん「ところが、試しに他のタイプのところに入ってみると、とても苦痛で、そこに居続けることができなかったんです。こんな状況のとき、どうしてそんな考えが出てくるの、また別のグループでは、そんなに他人のことを悪く言わなくてもいいんじゃないの、疑わなくてもいいんじゃないの、と信じられないことばかりでした」

吉田「タイプによる違いを肌で感じたわけですね」

Fさん「ところが、自分のホームポジションであるタイプ7に戻ってくると、そんな余計な考えはまったく出てこなくて、ひたすら楽しいわけです」

吉田「タイプ7のグループはいつも盛り上がりますからね」

Fさん「本当にそうですね。ですから、自分がタイプ7であると最初から確信を持ちました。ただし、ひとつだけ納得できなかったのは、タイプ7が思考エネルギー優位だという点でした。私は、感覚で動いてしまうので、本能（身体）エネルギー優位ではないかと思っていました」

吉田「錯覚しやすいところですね」

Fさん「研修後、間もなくして気づきました。私は常に楽しいことを考えている人間だ。ある事案の判断をするとき、この事案は楽しいのか、楽しくないのか、と考えている。あー、そうか。やはりアタマ人間だと。嫌なことがあっても、楽しいことを考えて、切り替えてしまいますからね」

吉田「一見、考えるタイプではないと思われているタイプ7が、実は、すごくアタマを

　使っているということですね」

Ｆさん「考えてやったことは失敗が少ないのですが、感情的に動いてしまったとき、考えずに動いてしまったとき、言ってしまったときは、失敗することが多かったですね」

吉田「大きな気づきですね」

Ｆさん「ちゃんと対処しなければ、というときは論理的に考えていたことに思い当りました」

吉田「ちゃんと考えることがタイプ７の成長ですから、Ｆさんのお話をお聞きして、人としての成熟を感じました。ステキですね。ところで、研修で得たものがあればもう少し具体的にお聞きしていいですか？」

Ｆさん「まず、他人のこともそうですが、自分のことが分かっていないんだな、と思いましたね」

吉田「それはどういうことでしょうか？」

Ｆさん「なぜ、他の人が苦痛に思うことを、私はニコニコしながら、火中の栗を拾いに行くのか、他の人が辛そうにしていることが、私には辛いと思えない、どうしてなのか、それが分かって、目から鱗が落ちましたね。それがひとつ目です」
吉田「それがご自身のタイプ、つまり生まれながらの気質エネルギーによるものだと分かったということですね」
Fさん「そうです。そして、次に、どうして彼はこうなのか、彼女はこうなのか、が分かったことですね。私との違いは、生まれながらの気質の違いに起因していると教えていただいて、変わらないはずだと妙に納得しました」
吉田「その点が、エニアグラムで学ぶ肝ですよね」
Fさん「そうですね。エニアグラムを学んだ後は、例えば、この部下、タイプ9らしいなあ、もう少し待ってみるか、と。私は、もともと気が短くて、待てない性格ですからね」
吉田「タイプ7のFさんらしいところですよね」
Fさん「それから、チーム編成を考えるとき、タイプの組み合わせを重視するようになりました。チームリーダーを任せたい部下がいると、その部下を補佐できるタイプと組み合わせたり、タイプがあまり重ならないようにバランスを考えたりしてきました」

吉田「タイプのバランスを考えながら、エニアグラムを活かした適材適所配置を行っているということですね」

Fさん「それと、エニアグラムは部下の成長に、プラスになっています。リーダーから上のクラスの社員はエニアグラムの受講が必須になっていますので、自分のタイプの強み・弱みを理解します。すると、タイプの課題としてこれを身に着ける必要がある、と本人が気づきます。そこを頑張ってくれますので、上司としては有り難いですね」

吉田「気づいて、自主的に努力してくれるということですね」

Fさん「その他、エニアグラムに助けられたのは、私のサブを選ぶときです。国内のある子会社を任されたとき、私が苦手な内部固めにはタイプ1を配しました」

吉田「管理的なことを安心して任せられるタイプですね」

Fさん「アメリカに子会社を設立したときは、社員のケアが大事でした。でも、私がそれをやっていると、外への働きかけが疎かになってしまいますので、ケアが得意なタイプ2にサブとして来てもらいました。お陰で、私は、新しいビジネスのネタ探しで、アメリカ中を駆け回れるようになりました」

吉田「そのときどき、必要とされている役割にピッタリのタイプを配置してきたわけですね。これも、各タイプの強み・弱みを理解しているからできることですけど」

Fさん「お陰様でエニアグラムを最大限に活用させてもらっています」

吉田「今日は、いろいろ貴重なお話しを聞かせていただきました。本当にありがとうございました」

経営者インタビュー④
M社長（タイプ3）

吉田「最初のエニアグラム研修は記憶に残っていますか？」
社長「もちろんです。鮮明に記憶に残っています。なんだ、それはと思いましたからね」
吉田「それはどういうことですか？」
社長「吉田先生が出された課題を話し合って発表したタイプ7の答えがあまりにテキトーだったからです」
吉田「どういうことですか？」
社長「グループワークの課題は、緊急事態で社員が大変なことになっているという想定だったのですが、そんなときに、まあ、なんとかなるさの答え。研修のなかでタイプ7に意見しましたからね」
吉田「そんなやりとりがありましたかね～」

社長「まさにエニアグラムの〝どつぼ〟にはまったというか、タイプの違いによる自動反応の違いを際立たせてしまいましたので、吉田先生は、してやったり、とにやにやしておられたと思いますが」

吉田「タイプ、つまり生まれ持った気質が違うと、簡単には分かり合えないということを、研修のときに肌で感じることができたわけですね」

社長「それでも違いを認めることに抵抗があったのですが、研修2日目の最後、吉田先生が、他人は思い通りにならない、それが当たり前だ、と言われたとき、本当に衝撃を受けました。思い通りになるものだ、と思っていましたからね」

吉田「上司と部下の関係で、上司はそう思い込む傾向がありますね」

社長「研修を受けるまでは、そうじゃないだろう、こっちが先だろう、それをやる必要はないだろう、と部下にあれこれ言ってましたからね。ところが、タイプによる決定的な違いと、どう違うかを学びましたので、言わなくなりました」

吉田「それは大きな変化ですね」

社長「言いたくなるんですが、言うのを止めることができるようになりました。でも、言わないストレスはなかったですね。エニアグラム理論を学んで、言ってもプラスにならないことが分かったからです」

吉田「そうすると、部下との関係性は大きく変わりますよね」

社長「いい意味で部下を活かすヒントをいただきましたので、仕事のパフォーマンスも飛躍的に高まりましたよ」

吉田「その点をもう少しお聞きしていいですか？」

社長「最初の研修を受けたのは、会社の命運を左右する大きなプロジェクトが完了した直後でした。社員がまだ２００名未満なのに、協力会社も含めて２００名を投じた、当時の会社の規模としては大プロジェクトでした。」

吉田「社員数が２００名に達していないのに、２００名のプロジェクトを請け負ったんですか！」

社長「そうです。お客様と約束した期限までに仕上げるため、２００名を小さなチームに振り分け、何を担当させるかを決めてプロジェクトをスタートしたのですが、いろいろなことが思う通りには運ばないわけです。そうすると、私はタイプ３ですので、問題が起きているチームのモチベーションが落ちないよう、あの手この手を使うのですが、なかなか上手くいきませんでした。まだエニアグラムを知りませんでしたからね。毎日が綱渡りで大変な思いをしました」

吉田「思い通りには運ばなかったわけですね」

社長「そうです。人を動かすのはこんなに大変なのかと骨身に沁みて、プロジェクトが終わったときにはヘトヘトでした。そんな時期にエニアグラムを学びましたので、部下のタイプとチーム編成についていろいろ思い当ることがありました。タイプの違いが身体で分かった感じでしたね」

吉田「現場での体験とエニアグラムの教えがピッタリ重なったわけですね」

社長「その通りです。最初のプロジェクトをなんとかリリースしましたので、次のプロジェクトも受託できました。このときは、エニアグラムで学んだヒントをフルに活かして、同じような規模のプロジェクトでしたが、最初のときの半分の人数と半分の期間で完了させることができました。この成果が会社飛躍のきっかけになりましたので、エニアグラム様々ですね」

吉田「タイプによって担当する役割を決めたり、チーム編成を決めたりしたことで仕事の効率が飛躍的に高まり、大きな成果につながったということですね」

社長「そうです。エニアグラムは人を活かす学問だとつくづく思いました。ある社員が、たまたまくすぶっていても、その社員を活かせる場はありますからね」

吉田「トップマネジメントがそう思っている会社の社員は幸せですね」

社長「わが社では、リーダーの起用やローテーション、チーム編成、プロジェクトが上手く回っていないときの再編成など、日常的に、当たり前のようにエニアグラムを活かしていますよ」

吉田「そんな会社は珍しいのですが、システナさんでは人材配置をエニアグラムのタイプで考えるのが当たり前になっているわけですね」

社長「会社の幹部は、エニアグラムという意識はないと思いますよ。空気のようなもので、無意識に、当たり前のようにタイプの話が飛び交いますからね」

吉田「会社に完全に定着しているということですね。少し話を戻しますが、現場で開発プロジェクトを指揮していた役割から、さらに上位の役割を担うようになって、エニアグラムが役立ったことはありましたか？」

社長「どんな役割を担っても部下はいましたので、エニアグラムの恩恵は受けましたが、特に助けられたのは、営業を担当した時期でした」

吉田「具体的にお聞きしていいですか？」

社長「私は新しいお客様の開拓に特に力を注ぎました。様々なタイプのお客様がいらっしゃいますので、関係を築くためのコミュニケーションにエニアグラムの知恵が役立ちました。無意識に相手のタイプを想定した話し方になるのですね。お陰様で新しく開拓したお客様との関係は長く続いていますよ」

吉田「エニアグラムの知恵が身体に沁み込んでいるわけですね」

社長「でも、エニアグラムについては、当社の会長のレベルにまだ遠いですけどね。会長を見ていると、自分のタイプ以外のさまざまなタイプのリーダースタイルを矛盾なく発揮しておられますからね」

吉田「状況に応じたリーダースタイルが身についているということですね」

社長「会長の場合は、ぎりぎり追い詰められた場面での決断を何度も経験されて磨かれたものだと思いますが、リーダーとして憧れます」

吉田「この後、会長にインタビューさせていただくことになっていますので楽しみです。最後に、社長として目指していることというか、願っていることをお聞きしていいですか？」

社長「社員一人ひとりが活躍できるフィールドを作っていきたい、というのが私の願いです」

吉田「ありがとうございました」

経営者インタビュー⑤
H会長（タイプ7）

吉田「会長は、エニアグラムに出合ってどうでしたか?」
会長「幸せになりましたね。その理由を話しましょう。自分のことがよく分かって、自分を好きになったんです。タイプ7である自分の良さと弱点に納得しました」
吉田「それは意外な言葉ですね。一般に、タイプ7は自分を好きなんじゃないでしょうか」
会長「エニアグラムに出合った当初、私は、自分のことを好きじゃなかったんです。あきっぽいし、中途半端だし、なんでこうなんだろうと。
器用なんだけど、経営者には向いていないのかなーと。お笑い芸人に向いているんですよね。人を巻き込んでいくのは上手ですよ。人を笑わせるのは得意です」
吉田「タイプ7はおっしゃる通りのキャラクターですね」
会長「自分のことより他人のことに興味があるんです。これは経営をする上で大事なことですけど。エニアグラムに出合った頃は、よくある例ですけど、こいつはこうだ、あいつはこうだと評論家のような感じでした」

吉田「エニアグラムを学び始めると、自分に気づくより先に、他人のことが分かるようになって、他人への興味が強くなりますからね」

会長「そうなんです。最初、自分がタイプ7だという自覚がありませんでした。つまり自分のことが分かっていなかったわけです。

しかしタイプ7だと分かり始めると、自分と違うタイプとはどう接するのがいいのか、とエニアグラムを活かす方向に変化し始めました」

吉田「そこをお聞きする前に、もう一度、自分のことが好きじゃなかったという話にもどっていいですか。それはなぜでしょうか?」

会長「25歳で起業して社長をやってきましたが、自分の良さがだんだん失われていく感じでした。だからとても苦しかったのです。

当然ですが、社会の一員である企業は、ルールを守ることや責任などを求められますね。そして、仕事は共同作業が必要です。ところが、私はそういうことが苦手でした。自分のペースでやりたいんですね」

吉田「タイプ7にありがちな傾向ですよね」

会長「昔は自分のことが好きだったのに、どんどん自分を嫌いになっていくんです。当然仕事もうまくいかないです。自分のことが好きじゃないと他人のことも好きになれませんから。これじゃ、経営者としてうまくいきませんね。

社員を好きになれないし、お客さんを好きになれないんですよ。経営者として致命的です。会社は金を稼ぐための手段ぐらいにしか思えなかったわけです。これが変わったきっかけがエニアグラムとの出合いでした」

吉田「エニアグラムとの出合いが転機になったわけですね」

会長「でも最初の頃は、色眼鏡で人を見てしまうわけです。彼はこういうタイプだからこうだよね。彼女はこういうタイプだからこうだよねと」

吉田「学び始めのころ、やってしまいがちなことですね」

会長「私自身、最初からタイプ7だと分かっていたわけではありません。創業期の会社では、新しい仕事のアイデアを次々と出さないといけませんし、また事務処理もこなさないとダメです。そのため、研修を受けた最初のころは、自分がアイデアマンのタイプ4か、事務処理が完璧なタイプ1かと思っていました。ところが、2回目、3回目と受講を重ねるうちに、自分の本質であるタイプ7が見えてきました。それまで苦手なことをやっていたために苦しかったんだと気づいたんです。自分はタイプ7の強みを活かせばいいいんだ。苦手なことは、それが得意なタイプに任せてしまえばいいんだと。大きな気づきでしたね」

吉田「自分らしさで勝負すればいい、ということですね」

会長「そうなんです。自分の弱いところは助けてもらえばいいわけですね。苦しさから解放されましたので、どんどん自分を好きになってきて、そうなると好循環ですね」

吉田「自分が好きになると、具体的に何が変わるのでしょうか？」

会長「自分が好きになると負けることを認めることができるんです。ここぞというとき、捨てる経営ができるんです。経営者にはとても大切なことです。これができないために失敗した経営者をたくさん知っています。自分を好きでないと、どうしても頑張ってしまいますからね。負けはみっともないですから」

吉田「無理をし過ぎるということですね」

会長「良いところも悪いところも含めたトータルで自分を好きになることは経営者にとってとても大切なことなんです。弱点も含めて自分を丸ごと認めてしまうと、そういう自分を好きになります。そうすると、俺が俺がと頑張らず、他の人に仕事を任せることができるようになるんですね。とても大事なところです」

吉田「そうすると、エニアグラムとの出合いは、経営者としての会長の在り方に大きな変化、大きなプラスをもたらしてくれたわけですね」

会長「おっしゃる通りです。エニアグラムのことを話題にしない経営会議はなかったですね。

ところが、仕事が上手くいってるときは自分のことを忘れてしまうんです。研修を受けてから10年くらい会社が順調でしたので、そうなると、タイプ7として私が注意すべきことを忘れて、つい、いろいろなことに手を出しては、どれも中途半端になってしまうということがあったんです」

吉田「順調なときこそ己を振り返る必要があるということですね」

会長「エニアグラムで自分を見つめ、他人を活かす大切さに本当に気づいたのは、研修を受けて10年過ぎた頃からでした。K社という会社と合併した後、たくさんの社員が会社を辞めて売上が下がった時期、売上の9割を占めていたケータイ電話の組み込みソフトウエア開発からの一部撤退を決め、事業の方向転換をして軌道に乗るまでの時期、ともに苦しかったのですが、辞めずに会社に残って頑張ってくれた社員が支えてくれました。本当に有り難かったです。社員あっての事業、社員あっての会社と身に沁みました」

吉田「苦しい時期を社員とともに乗り越えてこられたのですね」

会長「その通りです。社員が、楽しく、幸せに働ける会社にしたい。そのためには、あれこれ手を出すだけではなくて、整理すべきは整理し、事業の方向性を示し、ワークライフ・バランスに悩みがちな女性社員でも、安心して自分のペースで働ける仕事を作っていこう。そして、その人に適していない仕事、苦手な仕事は担当させないようにしよう。そんなふうに考えてやってきました」

吉田「苦しい時期の経験を通して、タイプ7である会長らしい事業の方向性、会社の在り方などをつかまれたということですね」

会長「トップは、ただタイプ7らしくあればいいというわけに行きませんので、いろいろな面を身に着けてきましたが、それでも私のタイプ7らしいところは無くなりませんし、それを役員は理解してくれていますので、本当に楽ですよ」

吉田「トップとしてのプライドという洋服を着る必要がなくて、普段着のままでいいということですね。そういう点で、役員・経営幹部が、お互いのタイプを理解していることは、つまりお互いの持ち味と弱点を分かり合っていることは、とても大切なことですね」

会長「お互いに弱みも分かっていますので、格好をつけてもダメですからね。役員待遇の役職者まで含めると、経営幹部にはタイプ1からタイプ9まで全タイプいます。おもしろいですよ」

吉田「ある役員の方が、会長は、意図して、すべてのタイプを幹部にそろえたと思うと言っておられました」

会長「ルールを作らせたら完璧なタイプ1がいますね。やり過ぎるのでブレーキをかけないといけないこともありますけどね。

愛をベースに他人と関わるタイプ2がいますね。ここまでやるのかと思うほど他人の世話をしますよ。でも、自分のことも構ってもらいたいんですけどね。

成果を上げるのに熱心なタイプ3がいますね。でも、効率一辺倒になり過ぎますので、ときどきチクリとやりますけどね。

さらにタイプ4、5、6、7、8、9といますね。どうしてもそのタイプの特徴が出ますからね。あっ、やってる、やってる、とお互いに見えてしまいますよ」

吉田「恰好をつけても、そのタイプの弱みが見えてしまうわけですね。恰好をつけるというのは、心理学的な言葉で言うと防衛ですが、会長の場合は防衛がやわらいで、人間的に成長してきたということですね。権力を握っているトップはエゴ（防衛）が強くなる傾向があると言われていますが、苦しい経験を糧に成長してこられた会長のお話は、お聞きして心に深く響くものがあります。感動的なお話しですね」

会長「会社は結局トップの器しだいですよ。トップの器が大きくならないと会社は大きくなりません。儲けたい、一番になりたい、どこそこの会社には負けたくない、そんなことに拘っているうちはダメですね」

吉田「エニアグラムで自分を知り、自分を丸ごと認めて自分を好きになり、自分を活かすと同時に、それぞれのタイプの持味も活かし、役員・社員の力を結集して、ここまで成長してこられたのですね。本当にいいお話をお聞きできました。最後にひと言お願いしていいですか?」

会長「社員が、私に出会えたお陰で、当社に出合えたお陰で、自分の人生が拓けたとか、そういう縁を感じてもらえるといいなあ、と今は思っています」

吉田「ありがとうございました」

おわりに

人間を知らないことは恐ろしい。

エニアグラムを学んだ後、私が抱いた実感です。

上司と部下、教師と生徒、親と子などの関係で、強い立場にある者が「善意」で行うことは、多くの場合、弱い立場にある者に辛い思いをさせます。

私自身、相手を傷つけてしまった苦い体験がありますので、これは他人事ではありません。

30歳前後、私は後輩を指導する立場にいましたが、2人の後輩に泣かれてしまいました。お酒の入った席でしたが、「吉田さんは厳しい」と。

エニアグラムを学び始める前だった私は、言われたことに納得しませんでした。後輩を殴ったり、机を叩いたりはもちろんのこと、大声で叱責することもありませんでしたので、「厳しい」と言われたことに、むしろ戸惑いを感じました。私のどこが厳しいのか、と反論したかったのですが、さすがにそれは差し控えました。

この出来事から20年後、2人のうちのひとりと会食する機会がありましたので、このときの出来事について尋ねてみました。

吉田「20年前の出来事だけど、私はそんなに厳しかったの？」

後輩「厳しかったですよ。○○だと△△だろう、△△だと□□だろう、□□だと◇◇だろう、だから君のやり方はダメなんだよ、と理詰めで攻めてくるので逃げ場がないんですよ。きつかったですよ」

吉田「そうだったの？」

後輩「理屈でぎゅうぎゅう責め立てられるので、弁解の余地もありませんでしたからね。苦しかったですよ」

私は、典型的な理屈人間で、物事を筋道で考えることしかできませんでした。何かきっかけがあると、勝手にアタマが働き始めてしまいます。タイプ5気質エネルギーの自動反応です。理屈で話すことは私にとって当たり前のことですので、そうしている自分に気づきませんでした。

会食したときは既にエニアグラムを学び始めていましたので、後輩に指摘されて、はっとしました。今なら分かりますが、後輩のひとりはタイプ9、もうひとりはタイプ4で、どちらも「理屈」を考えるのは苦手です。二人とも言い分はあっただろうと思いますが、自分との違いに気づかない私は、聞く耳を持ちませんでした。「善意」で、後輩に良かれと思って注意したのですが、後輩に辛い思いをさせただけでした。

9つのタイプは、それぞれ固有の気質エネルギーを持ち、それぞれが自動反応してしまいます。それぞれが「良かれ」と思い込んでいるものがあります。

最近、私がキャリアコンサルティング面談で支援した20代女性会社員の場合は、本人がタイプ9、上司がタイプ1でした。タイプ1の上司が、部下の将来のためを考えて繰り返しアドバイスすることが本人には苦痛でしかありませんでした。このケースでは上司とも面談しましたので、部下がどんな持ち味、価値観、弱みを持っており、どんな生き方、仕事の仕方を望んでいるかなどを伝えました。

それと同時に、上司自身に自らの気質エネルギーを確認してもらい、部下との違いや、どんな活かし方が望ましいかなどを話し合いました。

この面談の効果が現れ、部下は活き活きした日常を取り戻すことができました。

善意の名のもとに悲劇は起き続けていますが、私がそうであったように、「知らない」だけです。この上司も、気質エネルギーの自動反応の違いを「知る」ことによって変わりました。

「知る」ことによって、現実を変えることができる。システナは、その実例です。

本書を通して、エニアグラムが広く知られ、その英知が企業経営に活かされ、社員一人ひとりがその持ち味を存分に発揮して業績が向上し、会社もハッピー、社員もハッピーな会社が増えてゆくことを心から願っています。

あとがき

「神よ
変えられないものを受け容れる
心の静けさと
変えられるものを変える勇気と
その両者を見分ける
英知をお与えください」

これはアメリカの神学者、ラインホールド・ニーバーの祈りの詩です。

本書で紹介したエニアグラム心理学が、なぜ適材適所経営と深く関わっているのか。この詩がその理由を明らかにしています。

一人ひとりにとって、「変えられないもの」は何か、「変えられるもの」は何か、それを見分けることができる英知、それがエニアグラム心理学です。

この英知を見事に経営に活かして成功し、成長してきたのがシステナです。

取材に協力して下さった会長をはじめ5人の役員の方々は貴重な体験を語って下さいました。このインタビューがなければ本書が世に出ることはありませんでした。心から感謝申し上げます。

エニアグラム心理学勉強会の仲間たちは、私にたくさんの生きた知恵を与えて下さいました。一人ひとり名前を上げることはできませんが、この場を借りて感謝申し上げます。

（付記）エニアグラム企業研修のお問い合わせは左記にお願いします。

採用と教育研究所
福島県福島市野田町6－7－8－B103
電話　024（529）5153
E-mail　info@saiyoutokyouiku.com
HP　https://www.saiyoutokyouiku.com/

付録 簡易タイプ・チェック表

自分に該当している文章をチェックし、
各タイプ毎に、チェック数を合計してください。

タイプ1をチェックする質問	チェック
理想主義的である	
辛抱強い	
細部にこだわる	
自他に厳しい	
真っ正直である	
公平で、曲がったことはしない	
自制心があり、わがままを言わない	
丁寧に、終わりまでやり抜く	
倫理を尊び、不正をしない	
手抜きをせず、常にベストを尽くす	
柔軟性に欠ける	
細部にこだわりすぎる	
厳格で、堅苦しい印象を与える	
強情で、独善に陥りやすい	
ストレスをため込む	
合計チェック数	

タイプ2をチェックする質問	チェック
落ち着きがない	
外向的である	
喜怒哀楽がはっきりしている	
おしゃべりである	
落ち込んでいる人を放っておけない	
愛情豊かで、人にやさしい	
奉仕の精神で、人を援助できる	
苦しみや悩みに共感し、親身になれる	
善意にあふれ、他の人の良さを引き出せる	
思いやりがあり、自己を犠牲にできる	
必要のない世話をやいてしまう	
親切を押しつける	
感情に振り回される	
お世辞を言ってしまう	
他の人の歓心を買いたくなる	
合計チェック数	

タイプ3をチェックする質問	チェック
明るく、目立つように振る舞う	
自分のイメージにこだわる	
常に忙しくしている	
おだてに弱い	
周囲の目や反応を気にする	
チャレンジ精神が旺盛で、行動力がある	
常に目標を持ち、精力的に達成しようとする	
野心的で、競争を厭わない	
自信にあふれ、説得力がある	
やり方が効率的で、成果を出せる	
見栄や虚栄のとりこになる	
立身出世に過大にとらわれる	
小さなミスも隠したくなる	
競争に駆りたてられる	
目的のために手段を選ばないことがある	
合計チェック数	

タイプ4をチェックする質問	チェック
常識の尺度からはみ出てしまう	
(人の) 好き嫌いがはっきりしている	
やりたいことにのめり込む	
他人と一緒であることを嫌う	
揺れ動く感情を持て余す	
繊細で、豊かな感受性を持っている	
独創的で、新しいものを生み出せる	
個性的で、独自の表現ができる	
美意識が高く、芸術的センスに富む	
創造力に富み、大きな夢を描ける	
自己陶酔に陥りやすい	
現実を忘れてしまう	
破滅的な方向に流されやすい	
感傷的に孤独に浸る癖がある	
嫉妬心にとらわれる	
合計チェック数	

タイプ5をチェックする質問	チェック
自制的である	
内向的である	
人との間に距離を置く	
物静かである	
淡白である	
分析的で、論理がしっかりしている	
客観的な立場から、物事を洞察できる	
冷静で、落ち着いて物事に対処できる	
理性的で、博識である	
質素で、物欲に惑わされない	
割り切り過ぎる	
傍観者になってしまう	
コミュニケーションを断って孤立する	
温かみに欠ける	
逃げの姿勢になる	
合計チェック数	

タイプ6をチェックする質問	チェック
謙虚である	
慎重である	
神経質である	
誠実である	
人あたりがやわらかい	
気配りが行き届く	
節度をわきまえている	
ミスが少ない	
信頼できる	
秩序を守る	
悲観的な気持に襲われる	
極端に用心深くなる	
権威に依存しがちである	
極端に卑下する	
被害妄想にとらわれる	
合計チェック数	

タイプ7をチェックする質問	チェック
明るい	
ひょうきんである	
親しみやすい	
辛いことから目をそらす	
辛抱できない	
明るくて、社交的である	
楽天的で、こだわりがない	
お人好しで、人に好かれる	
活発で、行動的である	
早耳で、新しい情報に敏感である	
衝動的である	
長続きしない	
快楽に走り過ぎる	
目先しか見ない	
落ち着きがない	
合計チェック数	

タイプ8をチェックする質問	チェック
プレッシャーに強い	
逆境で燃える	
正義感が強い	
猪突猛進する	
怒りを爆発させる	
チャレンジ精神が旺盛である	
裏表がない	
感情を引きずらない	
直感が鋭い	
決断が早い	
強引である	
他人の話しを聞かない	
人と衝突しやすい	
独断的である	
守りが苦手である	
合計チェック数	

タイプ9をチェックする質問	チェック
大きな包容力がある	
落ち着いている	
受け身である	
テンポがゆっくりしている	
腰が重い	
穏やかである	
他者を受容できる	
物事に動じない	
他者の話しを聞ける	
我慢強い	
意思を明確に表さない	
タイミングが遅れる	
他者に順応し過ぎる	
惰性に陥りやすい	
無言で抵抗する	
合計チェック数	

簡易診断でチェック数が最も多いタイプは、あなたのタイプである可能性を示しています。ただし、簡易診断だけに頼ることは危険です。本文も参考にしてください。

著者略歴

吉田 久夫（よしだ ひさお）

昭和39年早稲田大学政治経済学部卒業。

日本電子株式会社に16年間在籍し、その間、欧州駐在員並びに米国法人社長などを務める。その後、株式会社講談社経営総合研究所代表取締役社長、株式会社日本総研コンサルティング取締役等を経て、現在、合同会社HR研究所代表。エニアグラム研修講師、キャリア・コンサルタント。

著書『人づきあいが9倍楽しくなる心理学』

最強の適材適所経営

著　者	吉田 久夫
発行者	池田 雅行
発行所	株式会社 ごま書房新社 〒101-0031 東京都千代田区東神田1-5-5 マルキビル7F TEL 03-3865-8641（代） FAX 03-3865-8643
カバーデザイン	（株）オセロ 大谷 治之
印刷・製本	精文堂印刷株式会社

ISBN978-4-341-08725-8 C0034